PASTORES QUE GENERAN PASTORES

Descubrir . Promocionar . Desarrollar

Jose Mª Baena Acebal

Editorial CLIE
www.clie.es

EDITORIAL CLIE
C/ Ferrocarril, 8
08232 VILADECAVALLS
(Barcelona) ESPAÑA
E-mail: clie@clie.es
http://www.clie.es

Pastores que generan pastores
ISBN: 978-84-19779-15-1
Depósito Legal: B 5872-2024
Ministerios cristianos
Recursos pastorales
REL074000

Impreso en los Estados Unidos de América/ *Printed in the United States of America*

Acerca del autor

José Mª Baena Acebal graduado en Teología por la Facultad de Teología de las Asambleas de Dios; Diplomado en Enseñanza Religiosa Evangélica por el CSEE (España) y Pastor del Centro Cristiano Internacional Asambleas de Dios, de Sevilla (España). Profesor de Enseñanza Religiosa Evangélica (ESO) y de la Facultad de Teología de las Asambleas de Dios en La Carlota (Córdoba). Ha sido Presidente de las Asambleas de Dios en España y de la Federación de Entidades Religiosas Evangélicas (FEREDE).

De todas estas tareas va este libro que dedico:

*A todos mis compañeros de ministerio que se entregan
de corazón a servir a las almas y al Señor,
esforzándose por cumplir lo mejor posible
el propósito que Dios les ha encomendado,
con el deseo de serles útil,
aunque solo sea un poquito.*

*Y, por supuesto, a Pilar, mi esposa,
a mis hijos y a mis nietos.*

ÍNDICE

Después de anunciar el evangelio a aquella ciudad y de hacer muchos discípulos, volvieron a Listra, Iconio y Antioquía, confirmando los ánimos de los discípulos, exhortándolos a que permanecieran en la fe... Constituyeron ancianos en cada iglesia y, después de orar y de ayunar, los encomendaron al Señor en quien habían creído.

Hch 14:21-23

Aunque tengáis diez mil maestros en Cristo, no tendréis muchos padres, pues en Cristo Jesús yo [Pablo] os engendré por medio del evangelio.

1 Corintios 4:15

INTRODUCCIÓN

El **principio de la multiplicación** se encuentra en las Escrituras desde el mismo libro de los orígenes que es el Génesis. Los primeros seres vivos que aparecen en la tierra son las plantas, es decir, todo el mundo vegetal, "cuya semilla está en él, según su especie" (Gn 1:12). Así nos dice la Escritura. La semilla es el germen, la fuerza reproductora que le otorga su potencial de futuro. Tras el mundo vegetal, creó Dios los seres acuáticos y las aves, a los que dijo "Fructificad y multiplicaos" (v. 22). A los seres que poblarían la tierra firme les dio igualmente la capacidad de reproducirse, cada uno de ellos según su especie. A los seres humanos, personificados en Adán y Eva, "los bendijo Dios y les dijo: «Fructificad y multiplicaos; llenad la tierra y sometedla; ejerced potestad sobre los peces del mar, las aves de los cielos y todas las bestias que se mueven sobre la tierra» (v. 28). Así que, crecer, reproducirse, multiplicarse, es un principio vital de la creación divina.

Si pasamos a la dimensión del espíritu y del reino de Dios, esos mismos principios que rigen para el mundo material rigen también para el mundo espiritual y, por tanto, para el desarrollo y crecimiento de la obra de Dios en cuyo medio se desarrollan nuestros ministerios cristianos. Todo ministerio cristiano es llamado a crecer, desarrollarse y multiplicarse. De eso trata este libro. El ministerio de pastor es uno de los más necesarios para el bienestar de la iglesia, pero no es el único. Además, los otros ministerios también son necesarios. Lo importante es responder al Señor según su propósito para cada uno de nosotros y serle fiel en el cumplimiento de la misión que se nos encomiende, sea pastorear, evangelizar, enseñar, etc.

Cuando Jesús comienza su ministerio público, tras cuarenta días en el desierto a solas con el Padre –salvo los encuentros fallidos de Satanás para tentarle y destruir así los propósitos de su venida– su primera decisión es cambiar de domicilio: se muda de la recóndita y humilde aldea de Nazaret a la mucho más populosa y abierta ciudad de Capernaum, situada a orillas del mar de Galilea o lago de Tiberíades. Evidentemente, era este un emplazamiento mucho más estratégico para sus fines, porque el desplazamiento por el lago era mucho más fácil y rápido y no eran pocas las ciudades asentadas en sus orillas, a las que así podía llegar con mucha mayor rapidez y facilidad. Además, cumplía así con la profecía de Isaías que dice:

¡Tierra de Zabulón y tierra de Neftalí,
camino del mar, al otro lado del Jordán, Galilea de los gentiles!
El pueblo que habitaba en tinieblas vio gran luz,
y a los que habitaban en región de sombra de muerte,
luz les resplandeció. (Mt 4:15-16; Cf. Is 9:1-2).

Después, tras ese cambio práctico –y estratégico– la primera necesidad de Jesús al iniciar su ministerio como alguien que tiene un mensaje que transmitir y algo que enseñar, fue la de obtener seguidores, y por eso recorre las orillas del mar de Galilea *ojeando* al personal. Su ojo divino, capaz de discernir los corazones, se posa sobre dos hermanos, Simón y Andrés, dos rudos pescadores locales a quienes llamó, diciéndoles: "Venid en pos de mí, y os haré pescadores de hombres" (Mt 4:19). Un poco más adelante, siguiendo su recorrido escrutador, se fijó igualmente en otros dos pescadores, Jacobo y Juan, a los que también llamó invitándoles a que le siguieran. Llama la atención la respuesta de ellos, porque "dejando al instante las redes, lo siguieron", en el caso de Simón y Andrés, y "dejando al instante la barca y a su padre, lo siguieron" (Jacobo y Juan). Así lo cuenta el evangelista Mateo. ¿Qué capacidad de persuasión o qué carisma, como se dice hoy, tenía para ellos aquel supuestamente desconocido Jesús? Hoy sabemos mucho acerca de él y lo vemos como divino –que lo era y lo es– y, lógicamente, por tanto, digno de ser seguido, pero ¿y entonces, en aquel momento, si nos ponemos en el lugar de los discípulos?, ¿qué sabían de él, por qué acudieron al instante dejándolo todo para ir tras él? En el caso de Jacobo y de Juan, si admitimos como dicen algunos que eran sus primos y, por tanto, se conocían, una invitación así parecería bastante natural, así como también la respuesta. En todo caso, esta fue positiva e inmediata.

Volviendo al asunto que nos ocupa, vemos a un Jesús *de pesca*, buscando a otros *pescadores* que, como él mismo les explica, se dedicarían a *pescar hombres* (aquí la palabra griega es *anthropos*, que se refiere tanto a hombres como a mujeres). El evangelio de Jesucristo, aunque algunos pretendan desacreditarlo diciendo que es machista, es integrador y no discriminatorio, aunque por razones propias de su época escogiera para ser sus apóstoles a doce varones.[1] No obstante, como bien reflejan los evangelios, las mujeres estuvieron íntimamente ligadas al ministerio de Jesús. Nunca juzguemos los hechos del pasado con los criterios de hoy.

En nuestro tiempo, al personal especializado en recursos humanos que busca a los mejores profesionales para las empresas se le aplica el término de *caza-talentos*, empleando la metáfora de la caza en vez de la pesca, pero es equivalente. Con todo, quiero dejar claras las distancias entre ambos procesos, porque de lo que hablamos aquí es del ministerio cristiano y no de una mera profesión secular o incluso religiosa, por muy provechosa y digna que esta pueda ser; y nuestra selección es para la obra de Dios, para la que se requieren determinadas aptitudes y actitudes del corazón y, por supuesto, un claro propósito de parte de Dios. La iglesia, en la que nacen, se prueban, se desarrollan los ministerios cristianos y después ejercen su función, no es una empresa, ni una fábrica, ni un comercio. Sus fines y sus medios son otros bien distintos. Pero Jesús también tuvo que hacer su *selección de personal*, utilizando esta expresión actual del lenguaje empresarial, tal como nos cuenta Marcos:

Después subió al monte y *llamó a sí a los que él quiso*, y vinieron a él. *Designó entonces a doce* para que estuvieran con él, para

---

[1] La sociedad de su tiempo no admitía el testimonio de las mujeres, y la función de los doce sería la de ser testigos de la vida, muerte y resurrección del Maestro.

enviarlos a predicar y que tuvieran autoridad para sanar enfermedades y para echar fuera demonios: a Simón, a quien puso por sobrenombre Pedro, a Jacobo, hijo de Zebedeo, y a Juan, hermano de Jacobo, a quienes apellidó Boanerges, es decir, "Hijos del trueno"; a Andrés, Felipe, Bartolomé, Mateo, Tomás, Jacobo hijo de Alfeo, Tadeo, Simón, el cananeo, y Judas Iscariote, el que lo entregó (Mr 3:13-19)[2].

¿Qué hizo Jesús? Llamó a unos cuantos de sus discípulos para asignarles una tarea específica. Estaba *construyendo* ministerios futuros, aquellos rudos y torpes personajes cuyos nombres nos son dados por Marcos y que incluían a un futuro traidor; fueron los hombres seleccionados por Jesús para *estar con él, predicar y asumir autoridad*. Y esa es también nuestra tarea como siervos de Dios y específicamente como pastores. Jesús los conocía bien y sabía de sus limitaciones y carencias, pero sabía que eran materia bruta pero moldeable y que el Espíritu Santo haría lo necesario para desbastarlos, limar sus asperezas, y conseguir un material suficientemente válido para cumplir con una misión extraordinaria.

El apóstol Pablo le escribe a Timoteo: "Lo que has oído de mí ante muchos testigos, esto encarga a hombres fieles que sean idóneos para enseñar también a otros" (2 Tm 2:2). Es un texto que quien me llevó al ministerio, el misionero José Antonio Aldapa, nos hizo aprender de memoria, a mí y a otros cuantos más, para que nunca se nos olvidara como siervos de Dios y que habremos de repetir en más de una ocasión. Es nuestra tarea como siervos o siervas de Dios, ser capaces de transmitir a otros la visión recibida –evidentemente, si es que la hemos recibido, porque muchos van de un lado para otro sin visión alguna, un poco a ciegas o despistados– un legado al que Pablo llama "el depósito del evangelio". Cuando lo hacemos, estamos construyendo ministerios, edificando vidas útiles para el servicio del Señor.

Uso la palabra *construir* porque es bíblica, sinónima de *edificar*, que también lo es. No hablo para nada de fabricar, palabra que indica una labor mucho más artificiosa, porque los ministerios ni se inventan, ni

---

[2] Las citas bíblicas son a lo largo del libro, salvo si se indica lo contrario, de la RV95, de las SBU. Igualmente, las cursivas, si las hay, son mías, salvo si hay palabras en idioma distinto al español, para las que la norma exige el énfasis.

se fabrican, ni se producen en serie. Tampoco se levantan por sí mismos. No hay ninguna institución, ni humana ni eclesiástica, que consiga producir en serie ministros del evangelio, simplemente porque transiten con éxito académico por sus aulas o pasillos. Los levanta el Espíritu Santo, pero con la colaboración nuestra e, incluso, con la de tales instituciones, tal como iremos viendo a continuación.

A lo largo del libro insistiré en el uso de este verbo que me resulta altamente expresivo. El apóstol Pablo utiliza la metáfora cuando escribe a los corintios: "Porque nosotros somos colaboradores de Dios, y vosotros sois labranza de Dios, *edificio de Dios*. Conforme a la gracia de Dios que me ha sido dada, yo, como *perito arquitecto*, puse el fundamento, y otro *edifica* encima; pero cada uno mire cómo *sobreedifica*" (1 Cor 3:9-10). Es toda una labor de *construcción*.

En los capítulos que siguen, trataré de aportar mi propia experiencia, con toda humildad y sin pretender dar lecciones a nadie, pero creyendo que la experiencia de unos puede ser enriquecedora y útil para muchos otros. Ese es mi deseo y oración para este libro que entrego con todo aprecio y cariño para mis compañeros de ministerio y cualquiera a quien pueda ser útil por una u otra razón. Mi dedicatoria va también para los valientes que se atrevan a responder positivamente a la voz de Dios que es quien "envía los obreros a la mies". Recibir la llamada de Dios es un privilegio; responder a su voz, nuestra responsabilidad. Toda una oportunidad que no podemos malograr.

CAPÍTULO 1

La visión de un ministerio que se multiplica

Si quiero servir al Señor me es fundamental saber qué quiere él de mí; es decir, cuál es mi propia visión sobre el ministerio que Dios me ha encomendado. ¿Cómo podemos hacer la voluntad de Dios si no la conocemos? ¿Nos basta, acaso, tener una vaga noción de cuál es nuestra tarea; algo así como "predicar el evangelio" y ya está? Si es así, no llegaremos muy lejos, ni en los resultados, ni en nuestra perseverancia como ministros del Señor. Llegará un momento cuando, viéndonos sin rumbo, confundidos y sin un propósito definido y claro, sin resultados tangibles que merezcan la pena y nos motiven, nos desanimaremos y estaremos tentados de tirar la toalla. Por tanto, necesitamos tener una idea clara de a qué nos llama el Señor y para qué.

Cuando hablamos de *nuestro* ministerio hemos de hacerlo sin que entendamos por ello que es algo de nuestra propiedad, sino que es, más bien, una responsabilidad –una misión– que nos ha sido encomendada y por eso la llamamos "nuestra". Así lo reconoce Pablo: "Si anuncio el evangelio, no tengo por qué gloriarme, porque me es impuesta necesidad; y ¡ay de mí si no anunciara el evangelio! Por eso, si lo hago de buena voluntad, recompensa tendré; pero si de mala voluntad, *la comisión me ha sido encomendada*" (1 Cor 9:16-17). Pablo conocía bien cuál era su ministerio y lo que Dios esperaba de él. Expresado de otra manera añade en su segunda carta a los corintios: "Persuadimos a los hombres; pero a Dios le es manifiesto lo que somos, y *espero que también lo sea a vuestras conciencias*" (2 Cor 5:11), y podemos decir, a las nuestras hoy, puesto que esa palabra nos concierne a nosotros, veinte siglos más adelante.

Hecha esta salvedad, ¿cómo definimos, pues, *nuestro* ministerio? ¿Qué soy y cómo soy? ¿Cuál es mi llamamiento real? ¿Qué tarea se me ha encomendado y qué espera Dios de mí?

En la introducción hemos hablado de Jesús. Él sabía bien *quién* era y *para qué* había venido a este mundo. Lucas nos cuenta en su evangelio cómo, después de haber pasado cuarenta días en el desierto y haber rechazado las tentaciones de Satanás, "volvió en el poder del Espíritu a Galilea". En el capítulo cuatro narra su visita a la sinagoga de Nazaret, la ciudad donde había vivido sus últimos años, y cómo

«se le dio el libro del profeta Isaías y, habiendo abierto el libro, halló el lugar donde está escrito: "El Espíritu del Señor está sobre mí, por cuanto *me ha ungido para* dar buenas nuevas a los pobres; *me ha enviado a* sanar a los quebrantados de corazón, a pregonar libertad a los cautivos y vista a los ciegos, a poner en libertad a los oprimidos y a predicar el año agradable del Señor"» (Lc 4:17-19).

Después de leer este texto profético, entregando el libro al oficial de la sinagoga, dijo: "Hoy se ha cumplido esta Escritura delante de vosotros" (v. 21). Se ve, por lo que sigue en su relato, que todos entendieron que se lo estaba aplicando a sí mismo. Jesús conocía bien *para qué* había sido ungido por el Padre: era el Mesías prometido a Israel, llamado a sanar al pueblo de sus miserias y salvar a toda la humanidad. Su vida, su razón de ser, tenía un propósito definido y claro, y él lo conocía. Ahora tenía que darlo a conocer al mundo para que el mundo se beneficiara de él.

El otro ejemplo es Pablo, quien también tenía claro cuál era su llamamiento y su función en los planes de Dios: "Hablo a vosotros, gentiles. Por cuanto *yo soy apóstol a los gentiles*, honro mi ministerio" (Rm 11:13). Pablo honra su ministerio al ser consciente de su misión y cumplir con sus objetivos. ¿Cuáles eran estos? Tal como él mismo especifica: los gentiles; toda aquella humanidad ajena al pueblo de Israel, beneficiaria también de la gracia divina conforme a la promesa hecha a Abraham de que su descendencia sería una fuente de bendición a toda la raza humana. Es lo que declara ante Agripa y Berenice: "Los gentiles, a quienes ahora te envío para que abras sus ojos, para que se conviertan de las tinieblas a la luz y de la potestad de Satanás a Dios; para que reciban, por la fe que es en mí, perdón de pecados y herencia entre los santificados" (Hch 26:17-18). Es Jesús mismo quien le habla y quien lo envía a cumplir una misión de trascendencia universal.

¿Cuál es nuestro encargo personal e intransferible de parte de Dios? Podemos decir, "Dios me ha llamado a ser pastor", o quizá, "mi ministerio es ser evangelista", o cualquier otro, como inspirar y dirigir al pueblo de Dios a la adoración por medio de la música; pero además de eso Dios es siempre claro y específico y, como en el caso de Jesús o de Pablo, como con Abram, Moisés, o de cualquiera otra persona a quien Dios llamara en el pasado, como lo hace en el presente, él nos declara el *cuándo*, el *dónde* y el *para qué*. Incluso *con quién*. ¿Acaso alguien, al ser contratado por una empresa, llega su primer día de trabajo y es acogido por el jefe diciéndole: «*¡Bienvenido, ya eres empleado de esta empresa; siéntate donde quieras y haz lo que creas oportu*no que tienes que hacer!?». ¿No se le especificará desde el mismo momento de su contratación una descripción de responsabilidades?, ¿de cuándo comienza a trabajar, dónde y para qué se le contrata?, *¿a qué equipo o grupo de trabajo se le asigna? ¿Será un directivo, un administrativo, un vendedor, mozo de almacén o* un repartidor? Llegar a una conclusión correcta y cabal forma parte del proceso de construcción de un ministerio y, por tanto, no puede faltar en ese proceso. A la vez es absolutamente necesario para el buen éxito de la misión a desempeñar. Ahora bien, como en todo aprendizaje, hay enseñanzas generales y enseñanzas específicas que nos llevarán a adquirir las competencias oportunas para cada caso, las cuales tendremos que adquirir con la práctica y el tiempo y harán que nuestro ministerio sea efectivo produciendo el fruto que se espera de él.

Los que ya somos ministros del Señor, reconocidos y, por tanto, estamos en el ejercicio real y práctico del ministerio, somos responsables de tenerlo claro YA.

Se supone que somos maduros y que, llegados a ese nivel de madurez ministerial, hemos de estar preparados para ampliar nuestro ministerio y llevarlo así a su plenitud mediante la reproducción, "conforme a nuestra propia especie". Tener un hijo o una hija siempre es un gran motivo de felicidad en la vida. Engendrar y criar en salud nuevos ministerios es parte del cumplimiento del nuestro y algo que también produce una tremenda satisfacción espiritual. Por eso es importante que sepamos quién y qué somos en el servicio del Maestro, nuestro Señor, para poder así reproducirnos conforme a *nuestra propia especie*.

Dice el libro del Génesis: "Vivió Adán ciento treinta años, y engendró un hijo a su semejanza, conforme a su imagen, y le puso por nombre Set" (5:3). Seguramente nuestra vida ministerial no sobrevivirá a ciento treinta años; quizá treinta, cuarenta o cincuenta, puede que incluso algo más, pero hemos de ser capaces de construir otros ministerios a nuestra semejanza; ministerios que, aún pareciéndose a nosotros, serán autónomos y con personalidad propia, pues *semejanza* no es lo mismo que *copia*, pues estas están por naturaleza devaluadas frente al original, por muy buenas que sean. Además, cada generación requiere una redefinición de términos, puesto que la humanidad no es estática y evoluciona en los modos y las formas, en la cultura y en la misma percepción de la vida. Son muchos los cambios a los que están sometidas las sociedades humanas y nosotros, como ministros del Señor, no estamos ajenos a tales cambios, sean estos sociales, demográficos, políticos, tecnológicos, culturales, etc. Muchos de estos cambios serán positivos, haciendo progresar a la sociedad; muchos otros serán degenerativos o regresivos, haciéndola retroceder a etapas ya superadas, pero que vuelven a resurgir con fuerza, aunque vengan disfrazados de progreso. Tanto en un caso como en el otro, como siervos de Dios, hemos de saber adaptarnos a esos cambios, aprovechando los progresos verdaderos y protegiéndonos y combatiendo contra la degeneración rampante. Evolucionar forma parte de la vida. También hemos de poder ponerle nombre que identifique nuestra progenie espiritual y a su vez la diferencie de nosotros, pues como ministros maduros construimos otros ministerios, pero no producimos clones nuestros. Darles nombre, como hizo Adán con Set, significa exactamente proveerles de una identidad propia que los diferenciará de nosotros y definirá su razón de ser; no lo olvidemos. Nuestra vida ministerial concluirá un día, pero nuestro ministerio nos sobrevivirá con un impacto e influencia mucho más duraderos. Hemos de saber "liberar" de nosotros mismos a quienes nos siguen, para que no nos convirtamos en lastre para su propio desarrollo y realización. Más tarde o más temprano, la propia naturaleza lo hará, así que mejor hacerlo a tiempo, en el tiempo de Dios y por propia iniciativa y no por imposición traumática.

Si, a modo orientativo y sin intención de prejuzgar nada, tratamos de clasificar mínimamente el ministerio, sea nuestro o de otra persona, podemos fijarnos en algunos detalles:

- El ministerio cristiano es múltiple y variado. Los distintos textos neotestamentarios así nos lo describen:

  Unos [son] apóstoles; ...otros, profetas; ...otros, evangelistas; ...otros, pastores y maestros (Ef 4:11).

  De la manera que en un cuerpo tenemos muchos miembros, pero *no todos los miembros tienen la misma función, así nosotros,* [...] según la gracia que nos es dada: el que tiene el don de profecía, úselo conforme a la medida de la fe; el de servicio, en servir; el que enseña, en la enseñanza; el que exhorta, en la exhortación; el que reparte, con generosidad; el que preside, con solicitud; el que hace misericordia, con alegría (Rm 12:4-8).

  Y a unos puso Dios en la iglesia, primeramente apóstoles, luego profetas, lo tercero maestros, luego los que hacen milagros, después los que sanan, los que ayudan, los que administran, los que tienen don de lenguas (1 Cor 12:28).

  Cada uno *según el don que ha recibi*do, minístrelo a los otros, como buenos administradores de la *multiforme* gracia de Dios. Si alguno habla, hable conforme a las palabras de Dios; si alguno ministra, ministre conforme al poder que Dios da, para que en todo sea Dios glorificado por Jesucristo (1 P 4:10-11).

  Es evidente, por los distintos textos citados aquí, que hay diversos ministerios, con funciones diversas. ¿Cuál es el nuestro?
- Una de las funciones más comunes y extendidas es la de responsable de una iglesia, identificada con la tarea del *pastor.* En el Nuevo Testamento pastor, anciano y obispo son palabras sinónimas, aunque, como bien sabemos, la sinonimia no significa igualdad de significado, pues cada término tiene sus matices propios que lo diferencian de sus sinónimos. Los tres vocablos se refieren en el Nuevo Testamento a la misma persona, pero

cada uno de ellos resalta un aspecto de su función. Si empezamos por la de anciano (en griego *presbíteros*), lo que se resalta es su autoridad o posición de gobierno en la comunidad. Así se llamaba a los dirigentes de Israel, los de las sinagogas, etc. La de obispo (en griego, *episkopos*) resalta su función de cuidado y vigilancia, de supervisión, para que todo vaya como debe de ir; y la de pastor (en griego, *poimen*) hace referencia a la labor de alimentar y cuidar del rebaño, la grey, los creyentes. Muchos de nosotros somos pastores y, por extensión, también las otras cosas. El apóstol Pedro, supuesto primer Papa para algunos, se identifica como *anciano*, junto con los demás que ejercen ese mismo ministerio, y después les pide: "apacentad la grey de Dios que está entre vosotros, cuidando de ella". La división jerárquica de obispos, presbíteros y diáconos es ajena al primer siglo de vida de la iglesia cristiana y comienza a perfilarse a partir del segundo siglo, al ir creciendo la iglesia, a medida que se estructura y por razones organizativas, que no teológicas.

- Podemos ser pastores que entendamos nuestro ministerio como una función a realizar en la iglesia local, atendiendo a los fieles en sus necesidades, llevando a efecto las diferentes celebraciones propias, como son la predicación, la consejería, el culto regular, la Santa Cena, bautismos, casamientos, funerales, etc., entendiendo que, cuando corresponda, seremos sustituidos por alguien que hará lo mismo que hacemos nosotros hoy y ¡adiós, muy buenas! Lógicamente, este modo de pastorear no estará muy preocupado por buscar quien continúe la labor, porque para eso ya se encargan otros, sea el Consejo de Iglesia, la denominación, o el propio Espíritu Santo. Incluso, en algunos casos, buscar la continuidad se verá como una amenaza. Se busca la estabilidad, sobre todo si el *puesto* garantiza una vida tranquila y segura.

- En otros casos, ser pastor en un determinado lugar no es más que una oportunidad de promoción hacia destinos más atractivos, sobre todo si se está comenzando en el ministerio. Lógica y bíblicamente, nuestro ministerio ha de progresar, y Dios nos usa hoy en el lugar que él quiere y conoce dónde nos pondrá mañana, según sus planes, a los que debemos estar abiertos. Cuando la promoción viene de Dios, guiada por su Espíritu, no hay problemas. Los hay cuando es nuestra mente quien elabora las estrategias para tal promoción, cuando nuestras motivaciones son la ambición y el afán de notoriedad; entonces todo se enrarece. Hay que saber empezar con lo poco y, si se es fiel en lo poco, avanzar hacia lo que es más. Mil oportunidades habrá. Simplemente, no nos adelantemos a los planes de Dios, porque todo tiene un propósito, él tiene su propia escuela para nosotros y controla los tiempos, las circunstancias y las oportunidades, pues "todo tiene su tiempo, y todo lo que se quiere debajo del cielo tiene su hora" (Ecl 3:1), como bien nos recuerda el rey sabio.

- Si vemos el pastorado o cualquier otro ministerio como el propósito de Dios para nuestra vida y que, en el futuro, Dios tiene nuevos retos para nosotros, nuestro corazón disfrutará de lo que en el presente Dios esté haciendo y mirará al futuro con confianza de que él cumplirá su voluntad en nosotros: "El Señor cumplirá su propósito en mí", dice el Salmo 138:8. Él nos llevará "de fe en fe, de poder en poder, transformados de gloria en gloria" (Rm 1:17; Sal 84:7; 2 Cor 3:18). La vida en el Espíritu es una vida de crecimiento y desarrollo; como en la vida natural, nada es estático, solo lo que está muerto permanece quieto e inerte. El ministerio, igualmente, cuando sigue los cauces marcados por el Espíritu, se expande y crece hasta cumplir su propósito pleno. Al final de su carrera, Pablo exclama: "He peleado la buena batalla, he acabado la carrera, he guardado la fe. Por lo demás, me está reservada la corona de justicia, la cual me dará el Señor, juez justo, en aquel día" (2 Tm 4:7–8). Había cumplido los objetivos que el Señor le había marcado. Pero hemos de confiar en él para hacernos avanzar por las diferentes etapas que nos tocará recorrer, sin retrasarnos ni adelantarnos en los tiempos que su Espíritu nos marque; a su ritmo, no al nuestro; a su manera, no a la nuestra. Y en ese recorrido entra la tarea ineludible de buscar a otros que se encarguen de dar continuidad a nuestro ministerio, porque la obra del Señor ha de seguir y hay metas que nos superan a nosotros, seres finitos, de vida limitada, pues se extienden hacia el futuro. Nunca olvidemos que, seamos conscientes de ello o no, hacemos historia, que edificamos para las generaciones futuras que nos seguirán en el tiempo.

Por eso es importante saber a qué grupo de estos pertenecemos, dónde nos situamos. Se puede servir al Señor de muchas maneras, pero es claro que una forma más positiva es entender que nuestra responsabilidad también es trabajar por la continuidad de la obra de Dios, y eso se hace construyendo otros ministerios que continúen nuestra labor, pues no en vano Pablo explica el objetivo de los cinco ministerios básicos de apóstol, evangelista, profeta, pastor y maestro, que es "perfeccionar a los santos para la obra del ministerio, para la edificación del cuerpo de Cristo" según Efesios 4:12, donde *perfeccionar* ha de entenderse como *equipar* o *llevar a la madurez* a los santos –los creyentes– para la obra del ministerio, con el objetivo primordial de edificar el cuerpo de Cristo, es decir, la iglesia.

Si queremos ser fieles a este texto hemos de entender que nuestra función como pastores es equipar a otros para el ministerio, es decir, construir otros ministerios. Es lo que Pablo encarga a Timoteo en el texto mencionado anteriormente y que necesitamos repetir aquí: "Lo que has oído de mí ante muchos testigos, esto encarga a hombres fieles que sean idóneos para enseñar también a otros" (2 Tm 2:2). Es una tarea que no podemos eludir ni relajarnos en su cumplimiento. Quizá nos hemos acostumbrado a que sean los pastores y algún que otro "ministro" quienes lo hagan todo, cuando es la grey la llamada a ministrar al mundo. Con frecuencia lo confiamos todo a esos superministros famosos, personajes de éxito en sus medios, para que vengan y hagan en los nuestros lo que hacen allí en los suyos, esperando ver los mismos resultados que tanto envidiamos, en vez de confiarlo todo al Dios todopoderoso que obra por medio de su Espíritu Santo en respuesta a nuestra fe. No niego el valor de lo que nos puedan aportar tales ministerios, pueden enseñarnos muchas cosas, dar fe de lo que Dios hace cuando verdaderamente se confía en él, pero si ponemos nuestra fe en ellos más que en el Dios vivo, creo que estaremos manifestando una fe errónea y, por tanto, deficiente o incluso estéril.

En la carta que Pablo escribe a Tito le recuerda: "Por esta causa te dejé en Creta, para que corrigieras lo deficiente y establecieras ancianos en cada ciudad, así como yo te mandé" (Tt 1:5). La obra del misionero no está completa si no deja como resultado iglesias maduras, y las iglesias maduras han de cumplir con los tres requisitos básicos de la obra misionera: capacidad de gobierno; es decir, líderes; capacidad para financiarse a sí misma; es decir, fondos monetarios; y capacidad para extenderse por sí misma, lo que se plasma creando nuevas iglesias. Eso es lo que faltaba en Creta. Tito, como parte del equipo de Pablo, había sido dejado allí por él para completar el trabajo iniciado. Dejar establecidas -seleccionar, probar, designar y nombrar oficialmente- personas idóneas y capaces que asumieran la dirección de esas iglesias era parte importantísima de ese trabajo. Esa es también nuestra responsabilidad hoy, responsabilidad que no podemos eludir.

CAPÍTULO 2

Cuestión de olfato

O de vista, si se prefiere; ambos sentidos son valiosos aquí. Siendo un asunto espiritual hablaremos más bien de *discernimiento*. Aunque muchas veces es como una intuición al ver ciertos detalles, actitudes, etc., que nos hablan de posibilidades, de potencial, de futuro. Es, igualmente, visión, porque alcanza a ver más allá de lo que se ve a simple vista o ven otros. Contamos además con el Espíritu Santo que nos ayuda, nos habla, nos guía. Con todo, también nos equivocamos, pero las posibilidades de error o el miedo a equivocarnos no deben impedirnos buscar y animar a otros para que se dediquen al ministerio. Dios no ve incapacidades, solo posibilidades. Es verdad que nuestro mundo está lleno de incapaces y esto también afecta al ministerio cristiano, pero, los que lo son no es porque sean incapaces de forma innata, sino porque quizás no quieran explorar sus posibilidades o porque fallan al gestionarlas. Ahí está la causa del fracaso de muchos en el ministerio cristiano.

La palabra de Dios nos enseña que al ministerio se accede a través de un llamamiento divino, pero el factor humano forma parte de la manera como se manifiesta el llamamiento. ¿Cómo llegan muchos a descubrir ese llamamiento?, ¿quién los anima a iniciarse en el ministerio?, ¿y quién les abre las puertas, muchas veces estrechas, para introducirse en el servicio práctico en la obra del Señor? Hay personas atrevidas y poco inhibidas que se lanzan sin necesidad de ayuda, pero muchos otros son más tímidos y no se atreven a tomar iniciativas en ese sentido. La ayuda de ministerios ya curtidos y expertos es necesaria para descubrir los posibles candidatos y posibilitar la construcción de nuevos ministerios.

Cuando se suscita una necesidad en Antioquía, donde de forma espontánea había surgido una comunidad cristiana fruto del testimonio de unos creyentes chipriotas, la iglesia de Jerusalén envía a Bernabé para atender la situación. Después de un tiempo de ministración, ante el crecimiento del número de creyentes, Bernabé decide buscar ayuda y lo hace rescatando a Saulo del olvido. Así lo cuenta Lucas, quien escribe: "Después fue Bernabé a Tarso en busca de Saulo; y cuando lo halló, lo llevó a Antioquía" (Hch 11:25). Habían pasado años. Bernabé tenía olfato –o vista– para discernir en las personas un potencial para la obra de Dios. Todos sabemos cuál fue la trayectoria de Saulo, después llamado Pablo. También la paciencia y la empatía de Bernabé para recuperar a un Juan Marcos, su sobrino, del estado de ánimo que le llevó a abandonar al equipo misionero del que formaba parte junto a su tío y a Pablo, con gran desazón para este último. No creo que fuera su vínculo familiar lo que le llevara a intentar confiar de nuevo en él, sino una visión más profunda o más misericordiosa, capaz de dar segundas oportunidades. Despertar en otros la visión del ministerio, hacerles prestar atención a la voz de Dios o enseñarles a reconocerla, abrirles camino para el desarrollo del ministerio y ofrecerles el apoyo necesario como mentores, es una labor que requiere una gran capacidad ministerial y mucha sabiduría, paciencia, fe y grandeza de espíritu.

El fracaso de Juan Marcos pudiera llevarnos a pensar, como lo hizo Pablo, que con él se habían equivocado, que fue un gran error incorporarlo al equipo misionero. Pero el Nuevo Testamento nos proporciona datos de que, aunque en aquella ocasión las cosas no salieron como se esperaba, con posterioridad Juan Marcos es considerado útil por Pablo. Incluso tenemos un evangelio escrito que la tradición le atribuye. Lucas elogia a Bernabé diciendo de él que "era un varón bueno, lleno del Espíritu Santo y de fe" (Hch 11:24), y lo hace *a posteriori* de la separación de Pablo, cuando escribe su relato de las cosas ya sucedidas, es decir, en su "segundo escrito", que nosotros conocemos como el Libro de los Hechos de los Apóstoles.

Al principio de mi ministerio se me enseñó que Bernabé cometió un grave error y por eso su nombre no aparece más en la historia bíblica; desaparece y no se le menciona más, por su osadía de oponerse a la opinión de Pablo. Se me enseñó que Pablo era quien tenía razón. Pero esta es una interpretación particular que no tiene en cuenta varios detalles. El primero es que el texto bíblico no juzga lo sucedido en términos de bueno y malo, simplemente hace el siguiente comentario: "Hubo tal desacuerdo entre ambos, que se separaron el uno del otro" (Hch 15:39). Es absolutamente imparcial. Si sigue la historia con Pablo y no con Bernabé es porque esta segunda parte del libro tiene, sobre todo, que ver con la vida de Pablo, y Bernabé es ya un personaje secundario que no interviene más en el argumento que trata de la extensión del evangelio «hasta lo último de la tierra". En segundo lugar, lo que señala el texto es que hubo una discrepancia de criterios entre Bernabé y Pablo, sin más connotaciones que la separación de ambos y la ruptura de un equipo que hasta entonces había funcionado bien. Cosas que ocurren entre los mejores compañeros, pero que, al fin y al cabo, no afectan al compañerismo esencial sino solo a una cuestión operativa, sin más. La obra sigue adelante por ambas partes. Si antes eran un equipo, ahora son dos. Dios no está en las desavenencias, ni las justifica, pero en ocasiones estas sirven para romper una situación estática que ha de evolucionar hacia otras formas y ser así más productivas. Por el comentario de Lucas, la reputación de Bernabé sigue en pie y la de Pablo también, puesta de manifiesta por los hechos que se suceden y que gozan del respaldo del Espíritu Santo. Bernabé tenía su visión y esta no parece haber estado equivocada, pues dar oportunidades a quien en algún momento ha fallado no se puede considerar un error. Pablo también tenía razón, pues veía otros aspectos de la obra misionera y no podía aceptar ponerla en riesgo. ¿Solución? Separarse y continuar cada cual con su visión y su tarea correspondiente. Podemos decir, sin temor a equivocarnos, que ambas misiones tuvieron éxito.

¿Dónde buscar?

Para construir hay que buscar materiales con los que edificar. Evidentemente, la calidad de estos materiales determinará el resultado final de la empresa. Además, unos materiales sirven para unas cosas y otros para otras. No todo sirve para todo. Para edificar ministerios saludables y fructíferos nuestros materiales son humanos, *recursos humanos* los llaman las empresas, que también los buscan para construir profesionales que les reporten buenos dividendos en sus negocios, algo totalmente legítimo. En nuestro caso el material es humano pero los recursos son divinos, como divina es la escuela para transformar esos recursos humanos en instrumentos divinos y divina la gracia que lo consigue.

Un texto de Pablo que me encanta, dice: "Por la gracia de Dios soy lo que soy; y su gracia no ha sido en vano para conmigo, antes he trabajado más que todos ellos; aunque no yo, sino la gracia de Dios que está conmigo. (1 Cor 15:10). Es Dios quien construye, quien hace que seamos lo que somos. Es su gracia –todo cuanto él nos da sin merecerlo pero que necesitamos, cuanto hace a nuestro favor, sus recursos infinitos que, además, no nos cuestan nada– la que consigue que seamos ministros suyos en la medida que él ha previsto y ha provisto. Nuestra parte es hacer que tanto capital invertido en nuestra vida no se malogre con nuestra falta de fe, con nuestra torpeza, nuestra pereza, o a causa de nuestra necedad. Es triste leer en sus cartas a Timoteo los nombres de Himeneo y Alejandro, o de Fileto, quienes "naufragaron en la fe" o "se desviaron de la verdad". ¡Ojalá que nunca suceda así con nosotros ni con aquellos a quienes tratamos de encaminar al ministerio cristiano! Pero la experiencia nos enseña que casos como estos pueden estar esperándonos en el desarrollo de nuestro trabajo como "peritos arquitectos" al igual que Pablo.

Cuando los apóstoles se enfrentan al primer conflicto interno en la iglesia de Jerusalén, entienden que la solución está en un aumento de *la plantilla*: hacen falta colaboradores. ¿Qué hacen para solucionar la situación? Reunida la congregación, dicen: "Buscad, pues, *hermanos, de entre vosotros* a siete hombres de buen testimonio, llenos del Espíritu Santo y de sabiduría, a quienes encarguemos de este trabajo" (Hch 6:3).

Se suele entender este pasaje como el de la elección de diáconos, sin duda viciados por los siglos de historia durante los cuales ha predominado la jerarquización de los ministerios de obispo, presbítero y diácono, siendo este un ministerio meramente auxiliar, cuando en aquel momento el término se aplicaba a cualquier ministerio. Ciertamente se trataba de elegir personas capaces de asumir una tarea quizás secundaria, aunque importante y necesaria. Pero el relato posterior nos muestra cómo algunos de ellos evolucionaron en su llamamiento de tal manera que llegaron a ser mucho más que ministerios subalternos dedicados exclusivamente a la acción social, por muy importante que esta fuera también.

Por ejemplo, "Esteban, lleno de gracia y de poder, hacía grandes prodigios y señales entre el pueblo" (Hch 6:8). Todos sabemos que después, como consecuencia de su actividad portentosa, se convirtió en el primer mártir de la incipiente iglesia.

También Felipe, otro de aquellos colaboradores elegidos de entre la multitud: "Felipe, descendiendo a la ciudad de Samaria, les predicaba a Cristo. La gente, unánime, escuchaba atentamente las cosas que decía Felipe, oyendo y viendo las señales que hacía, pues de muchos que tenían espíritus impuros, salían estos lanzando gritos; y muchos paralíticos y cojos eran sanados; así que había gran gozo en aquella ciudad" (Hch 8:5-8).

De Timoteo dice el relato de Lucas que "había allí [en Listra] *cierto discípulo* llamado Timoteo, hijo de una mujer judía creyente, pero de padre griego; y daban buen testimonio de él los hermanos que estaban en Listra y en Iconio. Quiso Pablo que este fuera con él" (Hch 16:1-3). El rechazo que sintió por Juan Marcos, en el caso de Timoteo se convierte en atractivo. Juan Marcos les había fallado, dejándolos abandonados cuando quizá más falta les hacía[3]. No sabemos cuál fue el motivo de su crisis y, como humano, hemos de entenderlo, humanos nosotros también, capaces de flaquear en cualquier momento. Pero hay algo interesante a notar: Pablo, en vez de considerar aquella primera experiencia con un joven inexperto como la excusa perfecta para no intentarlo nunca más con otro, o ser mucho más exigente y restrictivo, entendió que había que dar oportunidades a otros, que también podían fallar como puede fallar cualquiera, pero que merecía la pena asumir el riesgo. Quizá fue demasiado estricto con Juan Marcos, pero con Timoteo había una nueva oportunidad. Los fracasos en cualquier

---

[3] Es interesante la explicación que nos da Roland Allen al respecto: "La explicación más natural del regreso de Juan Marcos desde Perge es que, tras la crisis de Pafos, se volvió porque Pablo se convirtió en el verdadero líder de la misión en lugar de su tío Bernabé, y porque estaba dispuesto, tanto a predicar a los gentiles fuera de la sinagoga con más libertad de la que esperaba, como a aceptarlos a la comunión en términos para los que no estaba preparado para aceptar. Veía también que S. Pablo se proponía entrar en regiones más remotas, quizás más peligrosas, de lo que él había previsto" (*Mission Methods...*, p. 16).

empresa no son sino incentivos para intentarlo de nuevo, habiendo aprendido de ellos. Si hemos de orar para "que el Señor mande obreros a su mies", hemos de estar dispuestos a acudir nosotros mismos, así como también a aceptar a otros a nuestro lado para que nos ayuden. Hemos de reconocer que, en medio de nuestras iglesias, entre sus miembros, hay verdaderos tesoros dignos de ser descubiertos por un "olfato" diestro y experimentado o un ojo capaz de ver lo que no todos son capaces de ver. ¿Cuántos de estos diamantes en bruto quedan sin descubrir y se malogran para la obra de Dios? ¿Cuántos jóvenes y mayores, sean hombres o mujeres, sienten la llamada del Señor en sus corazones pero no se atreven a manifestarlo y dar el paso hacia delante y necesitan de una mirada experta para ser animados a hacerlo? Nuestra responsabilidad como pastores, o como cualquiera de los otros ministerios, es tener la suficiente sensibilidad y la valentía de descubrirlos y apoyarlos, brindándoles la oportunidad de comprobar cuáles son sus dones y cuál su llamamiento de acuerdo con la voluntad de Dios. Esto nos lleva a considerar...

¿Qué hemos de ver?

Hemos visto que Jesús buscó entre la gente, pero no a cualquier persona. Él fue muy selectivo. Sabía bien por qué llamó a cada uno de ellos. Su equipo estuvo compuesto por personas diversas, de diferente procedencia, con distintas habilidades –y también debilidades y carencias– aunque extraídas del tipo de población promedio de su entorno. Jesús buscó sus colaboradores recorriendo la orilla del mar de Galilea. Sin duda buscaba hombres activos –las mujeres las añadió más tarde, dándoles un papel importante, aunque distinto al de los doce apóstoles, no por discriminación hacia las mujeres, sino porque ese papel tenía que encajar con el contexto social y religioso de su entorno y de su época. No se fue a la plaza pública a buscar a desempleados a la espera de una oferta de trabajo, aunque ese tipo de personas, muy dignas por supuesto, fueran objeto de alguna de sus parábolas, a fin de transmitirnos algunas de sus enseñanzas.

Jesús «**vio** a dos hermanos, Simón, llamado Pedro, y su hermano Andrés, que echaban la red en el mar, porque eran pescadores" (Mt 4:18). Después, siguió su recorrido y "**vio** a otros dos hermanos, Jacobo, hijo de Zebedeo, y su hermano Juan, en la barca con Zebedeo, su padre, que remendaban sus redes; y los llamó" (v. 21). Todos ellos lo siguieron. ¿Dejaron de pescar? No del todo, ni de inmediato, pero comenzaron una nueva etapa en sus vidas donde lo más importante ahora era seguir al Maestro. La pesca ocuparía un segundo lugar, algo ocasional. La barca les sirvió para sus desplazamientos y como plataforma a la hora de predicar. La actividad pesquera, sin duda, les ayudaría con sus responsabilidades financieras. En cuanto a la metodología, Jesús fue un innovador.

Mateo era recaudador de impuestos, un oficio mal visto, pero bien remunerado que aseguraba una buena situación económica. Cuando Jesús lo llama, él lo sigue sin dudarlo dejando atrás el mostrador de recaudador beneficiario de Roma. Lucas cuenta con algunos matices, como por otro lado también lo hacen el mismo Mateo y Marcos en sus evangelios respectivos, cómo fue la elección de los doce. Además de verlos faenando con las redes, limpiándolas, como era habitual entre los pescadores, les pide un favor: "Prestadme vuestra barca; alejadme un poco de la orilla para que todos puedan oírme". No son estas las palabras que refiere Lucas, pero las podemos imaginar, más o menos así. Lo que Lucas dice es: "[la barca] era de Simón y le rogó que la apartara de tierra un poco. Luego, sentándose, enseñaba desde la barca a la multitud" (Lc 5:3). Después de haber enseñado a la gente reunida le pide al propietario, que era Simón, que bogue mar adentro para pescar, pero este se muestra reticente, puesto que toda una noche de trabajo no les había reportado nada, ni un solo pez. Simón le contesta: "Maestro, toda la noche hemos estado trabajando y nada hemos pescado; pero *en tu palabra echaré la red*" (v. 5). Todos conocemos el resultado portentoso de aquel acto, pues el relato sigue diciendo: "Cuando lo hicieron, recogieron tal cantidad de peces que su red se rompía" (v. 6). Nuestras Biblias de hoy ponen a este pasaje el título de "La pesca milagrosa". Y es después de este episodio que Lucas sitúa las palabras de Jesús, "desde ahora serás pescador de hombres" (v. 10). ¿Tiene todo esto que ver en la decisión de Jesús de llamar a aquellos hombres, entre los que también se encontraban Jacobo y Juan, según el relato de Lucas? Seguramente sí: primero vio su disponibilidad, prestándole la barca, interrumpiendo su propio trabajo, lo que era una intromisión directa en sus propios intereses. Después su fe y sumisión, puestas de manifiesto en su obediencia a la petición de Jesús de salir a pescar, a pesar de que su propia experiencia les decía que era una acción inútil. Por último, la actitud de Simón es de rendición ante Jesús reconociéndole como hombre de Dios cuando exclama, "¡Apártate de mí, Señor, porque soy hombre pecador" (v. 8). La abundancia de peces les proporcionaría la prueba de que cuando se tratara de pescar hombres –su nueva tarea– el milagro se volvería a repetir. Los evangelios no nos dan más detalles, pero estos, que son de los que disponemos, nos son muy valiosos, sin duda.

Después, Jesús llama a Mateo –o Leví– y algo más adelante elige de entre el grupo de seguidores sus doce apóstoles: "En aquellos días él fue al monte a orar, y pasó la noche orando a Dios. Cuando llegó el día, llamó a sus discípulos y escogió a doce de ellos, a los cuales también llamó apóstoles" (Lc 6:12-14). Antes de determinar quiénes compondrían ese grupo selecto de doce, consultó con el Padre y, una vez obtenido su beneplácito, los reunió y les comunicó su decisión, estableciéndolos en el ministerio y asignándoles una misión a la vez que los iniciaba en la escuela del servicio a Dios con todas sus consecuencias. El hecho enfático de llamarlos *apóstoles* –enviados– ya indica por sí mismo que los señalados recibían un encargo específico que iría adquiriendo una mayor definición con el transcurrir del tiempo.

En ese transcurrir veremos incluso las disputas entre ellos por lograr una posición de ventaja particular de unos sobre otros, como el mismo Lucas cuenta más adelante: "Entonces entraron en discusión sobre quién de ellos sería el mayor" (Lc 9:46), texto que muestra que las rivalidades y el espíritu de competencia pueden aparecer en medio de estos procesos.[4] Jesús, "percibiendo los pensamientos de sus corazones, tomó a un niño, lo puso junto a sí y les dijo: «Cualquiera que reciba a este niño en mi nombre, a mí me recibe; y cualquiera que me recibe a mí, recibe al que me envió, porque el que es más pequeño entre todos vosotros, ese es el más grande»" (Lc 9:46-48). Con todo, Jesús no los desechó por egoístas, carnales e incompetentes, sino que siguió

---

[4] Lo vivido durante años de ministerio me ha mostrado que este es uno de los problemas típicos de los equipos ministeriales. No es que todos se dejen seducir por estas rivalidades, pero algunos sí que lo hacen. Surgen entonces las desconfianzas, el espíritu de competencia, las deslealtades y alguno sucumbe a la presión y abandona el equipo o, incluso, crea una división. Los que así se dejan seducir no se dan cuenta de que están arruinando un posible ministerio fructífero bendecido por Dios; queriendo ocupar la cabeza, acaban a la cola del pelotón, si no tirados en la cuneta.

trabajando con ellos, porque construir ministerios es una labor ardua que necesita tiempo, paciencia y dedicación, además de plena confianza en el poder del Espíritu Santo para cambiar las vidas, las actitudes y la visión de quienes son llamados para servir al Señor, porque Dios no mira nuestras carencias como si fueran impedimentos absolutos, sino que ve la actitud del corazón y nuestra disponibilidad para permitir al Espíritu hacer su labor transformadora. Es todo un proceso, puede que largo y lento, pero abocado al éxito siempre que sea el Espíritu Santo quien lo dirija y lo haga posible. Se parte de materia prima imperfecta y bruta que acabará, con la ayuda de Dios, siendo un ministerio maduro y fructífero.

Pablo, refiriéndose al pueblo judío, receptor primario de las promesas hechas a Abraham, dice:

> Pero cuando se conviertan al Señor, el velo será quitado. El Señor es el Espíritu; y donde está el Espíritu del Señor, allí hay libertad. Por tanto, nosotros todos, mirando con el rostro descubierto y reflejando como en un espejo la gloria del Señor, *somos transformados de gloria en gloria en su misma imagen, por la acción del Espíritu del Señor* (2 Cor 3:16-18).

No son solo los judíos quienes tienen puesto ese velo que les impide ver la obra de Dios y su gloria. ¡Tantas veces nosotros, cristianos, lo llevamos puesto también, fijándonos en lo pasajero, en lo natural, faltos de confianza en el poder de Dios que es quien hace todas las cosas! Su Espíritu Santo cambia las vidas, las actitudes, los corazones. En él hemos de confiar y proclamar como Pablo, "estando persuadido[s] de esto, que el que comenzó en vosotros la buena obra la perfeccionará hasta el día de Jesucristo" (Flp 1:6), quien también escribe: "Esta confianza la tenemos mediante Cristo para con Dios. No que estemos capacitados para hacer algo por nosotros mismos; al contrario, *nuestra capacidad proviene de Dios*, el cual asimismo nos capacitó para ser ministros de un nuevo pacto" (2 Cor 3:4-6). Todo esto nos enseña que, por un lado, no hemos de reconocer con ligereza a cualquiera, para no participar de pecados, errores o carencias ajenas, pero tampoco poner obstáculos prácticamente infranqueables a aquellos a los que Dios quiere dar la oportunidad de servirle.

En el caso de los colaboradores que la iglesia de Jerusalén debía seleccionar para atender a las mesas de la obra social, los requisitos eran que fueran "de buen testimonio, llenos del Espíritu Santo y de sabiduría, a quienes encarguemos de este trabajo" (Hch 6:3), lo que nos da unos criterios suficientemente precisos y claros que exigir de los candidatos:

1. **Tener buen testimonio:** buena reputación como hombres o mujeres de Dios. Eso mismo pide Pablo que exija Timoteo a la hora de seleccionar a los futuros supervisores -ancianos, obispos o pastores- de la obra de Dios: "Es necesario que tenga[n] buen testimonio de los de afuera, para que no caiga[n] en descrédito y en lazo del diablo" (1 Tm 3:7). El descrédito es la pérdida de la credibilidad, con lo que sus ministerios quedarían automáticamente neutralizados, carentes de autoridad y de poder, como en el caso de los fariseos. Nuestra credibilidad no depende tanto de lo que hablamos o proclamamos, sino de lo que reflejamos con nuestras propias vidas, es decir, nuestro testimonio. Muchos que se proclaman a sí mismos ministros del evangelio, y puede que en algún momento lo hayan sido, están completamente desacreditados ante el mundo y ante la propia iglesia de Dios, pues sus testimonios no les siguen. ¿Quién va a confiar en ellos?, ¿quién va a tomar en serio lo que predican? Les dirán lo del proverbio: "¡médico, cúrate a ti mismo!".

2. **Ser llenos del Espíritu Santo:** es decir, ser gobernados por el Espíritu, dando sus frutos de "amor, gozo, paz, paciencia, benignidad, bondad, fe, mansedumbre, templanza", etc. (Gá 5:22-23). La obra de Dios solo se puede llevar a cabo en la plenitud del Espíritu. Jesús pidió a sus discípulos: "Ciertamente, yo enviaré la promesa de mi Padre sobre vosotros; pero quedaos vosotros en la ciudad de Jerusalén *hasta* que seáis investidos de poder desde lo alto" (Lc 24:49). El día de Pentecostés llegó y los ciento veinte reunidos en el aposento alto, hombres y mujeres, fueron bautizados con el Espíritu Santo, saliendo de su encierro y proclamando que Jesús había resucitado y que era tiempo de arrepentirse y de convertirse a él. Más de tres mil personas fueron añadidas ese día a la naciente iglesia de Jesucristo, siendo bautizados en

su nombre. Esa misma iglesia, más tarde, siendo esparcida por la persecución, llevó el evangelio y el poder de Dios más allá de la ciudad de Jerusalén, dando el siguiente paso a Judea y Samaria, a falta de que Pablo rompiese las barreras de Asia, pasando a Europa y llegando hasta Roma, la capital del Imperio.

3. **Poseer sabiduría:** tener conocimientos es una cosa y otra muy distinta ser sabios. La sabiduría es la capacidad de utilizar el conocimiento de forma eficiente y productiva, aplicándolo oportuna y cabalmente. La sabiduría permite abrir nuevos caminos, innovar, crear nuevas posibilidades más allá de lo "ya conocido", superar los límites de lo aceptado y establecido, yendo siempre hacia ámbitos mejores, nunca hacia atrás. Es superar el dicho de que "si hasta aquí ha funcionado, ¿por qué cambiarlo?". Si la rueda funcionaba bien desde que se inventó, ¿para qué inventar el motor? Pues porque puede funcionar mejor. Las Escrituras hablan mucho de la sabiduría y de su contrario, la necedad o estupidez. Entre los diferentes géneros literarios de la Biblia hay una serie de libros que se llaman sapienciales, es decir, de sabiduría, como Job, Proverbios, Eclesiastés, y algunos Salmos. La sabiduría humana viene de la experiencia, pero la sabiduría requerida aquí no es tan solo sabiduría humana, que también, sino, sobre todo, la que proviene del Espíritu de Dios, como proclama Pablo: "Ni mi palabra ni mi predicación fueron con palabras persuasivas de humana sabiduría, sino con demostración del Espíritu y de poder, […] hablamos, no con palabras enseñadas por la sabiduría humana, sino con las que enseña el Espíritu, acomodando lo espiritual a lo espiritual" (1 Cor 2:4-5,13). Pablo también le recuerda a Timoteo el valor y el papel de la palabra de Dios en la adquisición de la sabiduría: "Las Sagradas Escrituras, las cuales *te pueden hacer sabio* para la salvación por la fe que es en Cristo Jesús. Toda la Escritura es inspirada por Dios y útil *para enseñar, para redargüir, para corregir, para instruir en justicia, a fin de que el hombre de Dios sea perfecto, enteramente preparado* para toda buena obra" (2 Tm 3:15-17). Por último, Santiago nos recomienda: "Si alguno de vosotros tiene falta de sabiduría, pídala a Dios, el cual da a todos abundantemente y sin reproche, y le será dada. Pero pida con fe, no dudando nada" (St 1:5-6).

No nacemos siendo sabios; la sabiduría se adquiere, se desarrolla con la práctica y su fuente está en Dios, como reconoce Job: "¿De dónde, pues, procede la sabiduría y dónde se encuentra el lugar de la inteligencia? [...] Dios es quien conoce el camino de ella y sabe dónde está su lugar, [...] Y dijo al hombre: «El temor del Señor es la sabiduría, y el apartarse del mal, la inteligencia»" (Job 28:20, 23, 28). Por eso a los dirigentes del pueblo de Israel, y por extensión, a los de la iglesia, se les llama ancianos, porque la edad les supone una determinada sabiduría adquirida a través del tiempo de la que carecen los más jóvenes.

4. **Responsabilidad:** Esos hermanos debían asumir una tarea que exigiría de ellos capacidad, flexibilidad, eficiencia, empatía con aquellos a quienes iban a servir, etc., para satisfacer así las necesidades reales de la iglesia en el área específica para la que se les seleccionaba. Era una mayordomía sobre la que dar cuentas frente a la congregación. No podemos olvidar la enseñanza de Jesús al respecto:

> ¿Quién es el mayordomo fiel y prudente al cual su señor pondrá sobre su casa para que a tiempo les dé su ración? Bienaventurado aquel siervo al cual, cuando su señor venga, lo halle haciendo así, [...]. Pero si aquel siervo dice en su corazón: "Mi señor tarda en venir", y comienza a golpear a los criados y a las criadas, y a comer y a beber y a embriagarse, vendrá el señor de aquel siervo en día que este no espera y a la hora que no sabe, y lo castigará duramente y lo pondrá con los infieles. [...] a todo aquel a quien se haya dado mucho, mucho se le demandará, y al que mucho se le haya confiado, más se le pedirá (Lc 12:42-48).

La responsabilidad implica fidelidad al encargo o la misión encomendada, dedicación y eficacia, a la vez que exige de las personas responsables –que de ahí viene el término– que respondan del resultado final. Cumplir con la función específica que a cada cual le corresponde dentro del cuerpo de Cristo es un acto de responsabilidad. Aquellos varones fueron escogidos con el fin de atender a la acción social de la iglesia de Jerusalén. Se esperaba de ellos que el conflicto planteado por las hermanas de origen griego quedara resuelto mediante su intervención y cuidado personalizado. Esa era su responsabilidad. ¿Cuál es o será la nuestra?

5. **Trabajar:** se les escogió no para tener un cargo en la iglesia, sino para asumir un trabajo, una tarea que habían de cumplir, tarea que merecía tener todos los requisitos mencionados hasta aquí. Dios no nos llama a figurar, sino a trabajar, a producir, a alcanzar los objetivos y metas espirituales propios del ministerio. La tarea exige tiempo y dedicación, así como preparación, adiestramiento. Pablo reconoce que su vida de siervo de Dios ha estado llena de "trabajo y fatiga", y de "muchos desvelos" (2 Cor 11:27). El ministerio no es una posición humanamente ventajosa. Aunque en algunos lugares pueda ir acompañado de cierto prestigio social, es sobre todo un servicio laborioso y sacrificado que exigirá mucho de quien se dedique a él. En ocasiones, ni siquiera goza del reconocimiento de sus propios beneficiarios. Lo importante, no obstante, es que tenga el reconocimiento divino.

Estos requisitos no son difíciles de ver en aquellas personas que pueden ser la materia prima a partir de la cual construir un ministerio cristiano; son actitudes visibles, puestas de manifiesto en sus vidas de manera natural, sin necesidad de tener que hacer indagaciones íntimas. Si lo que se ve es carnalidad, egoísmo, falta de consagración y de espiritualidad, pereza, indiferencia hacia las necesidades de los demás, está claro que el camino a recorrer será muy largo antes de poder considerar a la persona como apta para el ministerio. No es un imposible, pero es una labor que corresponde hacer al Espíritu Santo, que es quien transforma los corazones y los aviva. Y hay quienes no permiten que eso suceda, siendo, por tanto, casos perdidos mientras no cambien de actitud.

Cuando Pablo sale con Silas para su segundo viaje misionero, al pasar por Listra descubre uno de esos casos potenciales –un posible futuro ministro– "cierto *discípulo* llamado Timoteo" del que "daban *buen testimonio* de él los hermanos que estaban en Listra y en Iconio" (Hch

16:1-2). El texto aporta tres datos interesantes: era discípulo, tenía buen testimonio y el testimonio superaba su propia iglesia local, pues también en Derbe se le conocía bien. Si era discípulo, era un seguidor de Jesús, un aprendiz de siervo, una persona consagrada. Si tenía buen testimonio es que su vida era coherente con la profesión de su fe. Si se le conocía más allá de su propia localidad es que era una persona activa, dispuesta a moverse, disponible.

A Timoteo y a Tito, Pablo les da ciertas instrucciones sobre las virtudes que debían tener quienes quisieran dedicarse al ministerio. Después de especificar qué requisitos debían reunir los candidatos, escribe a Timoteo: "No impongas con ligereza las manos a ninguno" (1 Tm 5:22). Es decir, "no selecciones ni establezcas a nadie en el ministerio sin haber tenido en cuenta sus actitudes y aptitudes". Esta frase está precedida por esta otra: "que guardes estas cosas sin prejuicios, no haciendo nada con parcialidad" (v. 21); y va seguida de "ni participes en pecados ajenos. Consérvate puro" (v. 22), lo que la sitúa en su contexto adecuado. La elección de alguien para el ministerio no puede hacerse por afinidad personal o dejándose guiar por presiones externas, lo cual constituye una "ligereza" imperdonable. Tiene que ser algo dirigido por el Espíritu y teniendo en cuenta cuestiones objetivas que podemos discernir con claridad.

Asumir riesgos

Construir ministerios para la obra de Dios es, sin duda, una inversión; y toda inversión conlleva riesgos. Lo que ocurre es que invertir en lo que merece la pena produce grandes réditos también; por eso es que hay inversores que arriesgan su capital en bolsa, mientras que otros se contentan con los escasos intereses de una cuenta de ahorro, supuestamente sin riesgo alguno, aunque todos sabemos que tal cosa no es totalmente cierta. Es una siembra y, aunque "la tierra lleva fruto de por sí", hay circunstancias externas que pueden condicionar el fruto. Cuando nos fijamos en alguien, se espera que el resultado acabe siendo positivo, pero también puede malograrse, y tanto las Escrituras como la experiencia nos muestran que ambas cosas ocurren. ¿Debe eso echarnos para atrás? Pues si Pablo, como hemos visto antes, estuvo dispuesto a reintentarlo a pesar de su decepción con Juan Marcos, nosotros no hemos de desanimarnos si en alguna ocasión el resultado no es el deseado. Invertir en personas para la obra de Dios es una actividad sumamente provechosa y feliz —no hablo de réditos materiales— pues hace que la obra de Dios avance, que crezca, que se multipliquen los frutos para mayor gloria de Dios, que nuestro ministerio perdure y crezca mediante la labor de otros, de aquellos a quienes hemos engendrado en el ministerio y puede que en la fe. Un pastor puede sentirse feliz al ver crecer su congregación, por ganar más almas, por inaugurar nuevos y mejores edificios, pero la mayor satisfacción que puede vivir en el ministerio es reproducirse en otros ministerios, lo que permitirá que también la iglesia engendre otras congregaciones, que la obra de Dios se extienda y crezca para mayor gloria suya.

Construir nuevos ministerios cristianos no es una amenaza para quien los construye; es un privilegio enriquecedor, además de un acto de responsabilidad. Es dar continuidad a tu trabajo, asegurar que el fruto de tu ministerio va a continuar una vez que tú ya no estés, pudiendo así expandirse y crecer. Ellos son como los hijos naturales, dan continuidad a nuestra estirpe espiritual.

Aunque es un texto dedicado a Israel, podemos aprender de la profecía de Isaías:

> ¡Regocíjate, estéril, la que no daba a luz!
> ¡Eleva una canción y da voces de júbilo, la que nunca estuvo
>   de parto!,
> porque más son los hijos de la desamparada que los de la
>   casada, ha dicho Jehová.
> Ensancha el sitio de tu tienda y las cortinas de tus
>   habitaciones sean extendidas;
> no seas apocada; alarga tus cuerdas y refuerza tus estacas.
> Porque te extenderás a la mano derecha y a la
>   mano izquierda;
> tu descendencia heredará naciones y habitará las
>   ciudades asoladas.
> No temas, pues no serás confundida;
> no te avergüences, porque no serás afrentada (Is 54:1-4).

Si no hemos vivido la experiencia de reproducirnos como ministros del Señor, puede que nos sintamos estériles. En ese caso, el texto es para nosotros también o, al menos, podemos aplicarnos algunas de las promesas incluidas en él:

1. Podemos regocijarnos plenamente en el Señor, porque la obra depende de él y es quien quiere que seamos fructíferos y engendremos otros ministerios. Nuestra prole espiritual puede ser numerosa, si nos rendimos a la gracia de Dios y a su voluntad.

2. Lo de ensanchar nuestra tienda, sus cortinas y no ser apocados es una metáfora cuyo significado implica abrir nuestra mente y nuestro corazón a los planes de Dios. Su obra no se puede hacer con timidez ni con pusilanimidad. Pablo exhorta a Timoteo diciéndole: "Que avives el fuego del don de Dios que está en ti por la imposición de mis manos, porque no nos ha dado Dios espíritu de cobardía, sino de poder, de amor y de dominio propio" (2 Tm 1:6-7). Y se ensancha la tienda para que quepa más gente, porque la familia crece o va a crecer. La extensión del reino de Dios requiere de equipos de trabajo bien concertados, que tengan un mismo propósito; bien liderados, pero con la participación activa de otros que también asuman tareas de liderazgo en la medida que les corresponda, de manera armoniosa y coordinada, que sepan trabajar juntos siendo leales los unos con los otros. Hay que ampliar nuestros límites que muchas veces nos imponemos nosotros mismos. Pablo escribe a los corintios lo siguiente: "Nuestra boca se ha abierto a vosotros, oh corintios; nuestro corazón se ha ensanchado. No estáis estrechos en nosotros, pero sí *sois estrechos en vuestro propio corazón*. Pues, para corresponder del mismo modo (como a hijos hablo), *ensanchaos* también vosotros" (2 Cor 6:11-13). El corazón de Pablo hacia los corintios estaba abierto en toda su amplitud, aunque en algunos de ellos la actitud no fuera recíproca. Pablo les pide que amplíen su capacidad de amar, y lo mismo hemos de hacer nosotros para que en nuestra vida y ministerio quepan todos los que caben en el corazón de Dios, sin excepción.

3. Ampliar el espacio exige también medidas de seguridad, por eso dice la profecía, "alarga tus cuerdas y refuerza tus estacas", porque esas cuerdas son las que hacen que la tienda esté firmemente extendida, siendo las estacas clavadas en el suelo firme el medio

de asegurar su estabilidad, aunque llueva o ventee. Construir otros ministerios es extender nuestro espacio, pero ha de hacerse con medidas de seguridad, como hemos visto anteriormente con el consejo de Pablo a Timoteo de no actuar con ligereza a la hora de reconocer a nuevos ministros en la iglesia. Hay que seguir los procedimientos adecuados de formación, adiestramiento de los candidatos, quienes han de ser "sometidos primero a prueba, y luego, si son irreprochables, podrán ejercer el ministerio" (1 Tm 3:10). Para crecer, hay que prever y planificar el crecimiento, fortaleciendo las estructuras, para que estas puedan sostener el crecimiento. Hacerlo, es actuar con sabiduría, previsión y prudencia.

CAPÍTULO 3

Paternidad espiritual

*Pero vosotros no pretendáis que os llamen "Rabí", porque uno
es vuestro Maestro, el Cristo, y todos vosotros sois hermanos.
Y no llaméis padre vuestro a nadie en la tierra, porque uno
es vuestro Padre, el que está en los cielos. Ni seáis llamados
maestros, porque uno es vuestro Maestro, el Cristo. El que
es el mayor de vosotros sea vuestro siervo, porque el que se
enaltece será humillado, y el que se humilla será enaltecido.*

Mt 23:8-12

Siendo conscientes de lo que la mayoría entiende por *Paternidad espiritual*, parecería que estas palabras de Jesús entraran en contradicción con el título y el tema de este capítulo, por tanto, sin duda se hace necesario dar una explicación al respecto.

En primer lugar, considerando el contexto inmediato, Jesús habla de los escribas y los fariseos, que "se sientan en la cátedra de Moisés", es decir, quienes se arrogan la autoridad de *interpretar* y *enseñar* las Escrituras exigiendo su cumplimiento, aunque ellos mismos no hacen nada por cumplirla o se quedan en lo formal, sin llegar a captar la esencia del mandamiento, su "principio activo". Jesús los critica duramente, porque "atan cargas pesadas y difíciles de llevar, y las ponen sobre los hombros de los hombres; pero ellos ni con un dedo quieren moverlas. Antes bien, hacen todas sus obras para ser vistos por los hombres" (vv. 4-5). Todo el capítulo va dedicado a ellos, sobre quienes pronuncia una serie de ayes, tales como: "¡Ay de vosotros, escribas y fariseos, hipócritas!, porque cerráis el reino de los cielos delante de los hombres, pues ni entráis vosotros, ni dejáis entrar a los que están entrando" (v. 13). Por eso Santiago, el hermano del Señor, en su carta dirigida "a las doce tribus que están en la dispersión" (St 1:1) –judíos seguidores del Mesías y también los no seguidores de él[5]– les recomienda –en este caso a los hermanos, los creyentes– "no os hagáis maestros muchos de vosotros, sabiendo que recibiremos mayor condenación" (cp. 3:1). El contexto deja en claro que no es una negación del ministerio de maestro, sino una amonestación para no creerse que uno lo sabe todo y que puede ejercer de "maestro" universal imponiendo a los demás sus criterios, como hacían los fariseos y doctores de la Ley judíos. El contrapunto lo establece después al añadir, "¿Quién es sabio y entendido entre vosotros? Muestre por la buena conducta sus obras en sabia mansedumbre" (3:13).

Se trata, pues, de prevenir un uso incorrecto del término "padre" –o el de maestro– como un título de honor vacío de contenido, y de resaltar la paternidad única de Dios, nuestra autoridad soberana.

Pero el apóstol Pablo no tiene reparos en aplicar el título de *hijo* a Timoteo o a Tito en sus cartas, añadiéndole los calificativos de *verdadero* y *amado*; y si los llama hijos, es porque él mismo asume el papel de *padre*.

---

[5] Entiendo, que la carta de Santiago va dirigida a las comunidades judías de la diáspora en general y no solamente a los cristianos de origen judío. Lo más seguro es que, cuando escribe Santiago –muchos entienden que su carta pudiera ser el primer escrito del Nuevo Testamento– la separación entre los seguidores de Jesús como Mesías de Israel y el resto de los judíos aún no se había producido de manera definitiva. Las evidencias internas para mí son concluyentes: la misma dedicatoria inicial que se refiere a "las doce tribus", la mención de la sinagoga (congregación) en el v. 2:2; la referencia clarísima a la *Shemá* (v. 2:19), la amonestación de no ser meramente oidores de la Palabra, sino también hacedores (vv. 1:21-27); el tono doble, durísimo para personas que por su comportamiento no podían ser cristianas (vv. 3:14-18; 4:2-3,16-17; 5:1-5), y más benévolas para los que llama "hermanos"; las múltiples referencias a la ley, etc. Incluso la posibilidad de que el verso 5:5, "Habéis condenado y dado muerte al justo, y él no os hace resistencia", sea una referencia a la crucifixión de Cristo o al asesinato de Esteban y no una referencia retórica general. En el 5:4 ya no habla de sinagoga, sino de iglesia, de los ancianos de la iglesia. En toda la carta se da un lenguaje dual, dirigido a unos y a otros, según el mensaje y sus destinatarios.

En su primera carta a los corintios dice: "No escribo esto para avergonzaros, sino para amonestaros como a *hijos míos amados*. Aunque tengáis diez mil maestros en Cristo, no tendréis muchos *padres*, pues en Cristo Jesús *yo os engendré por medio del evangelio*. Por tanto, os ruego que me imitéis" (1 Cor 4:14-16). Está reclamando ese tipo de autoridad propia de un padre con sus hijos aun después de que estos hayan adquirido la mayoría de edad y, por tanto, su plena autonomía. Sobre todo, porque aquellos corintios sí estaban admitiendo otra autoridad que en realidad les era ajena, carente de legitimidad, y que les estaba perturbando. A continuación, habla de Timoteo, diciendo: "Os he enviado a Timoteo, que es *mi hijo amado y fiel en el Señor*, el cual os recordará mi proceder en Cristo, de la manera que enseño en todas partes y en todas las iglesias" (1 Cor 4:17). Por tanto, hay un tipo de relación espiritual "en el Señor" que podemos considerar natural y equiparable a la que existe entre un padre y su hijo.

Onésimo, el esclavo huido de Filemón, también recibe este mismo tratamiento de hijo por parte de Pablo, quien dice de él: "Te ruego por mi hijo Onésimo, a quien engendré en mis prisiones" (Flm 10). Pablo intercede por él, y le ruega a Filemón, su amigo, que lo perdone por haberse escapado y lo vuelva a recibir en casa, porque ahora es cristiano, tras haberse convertido por la acción de Pablo.

Dicho todo esto, ¿a qué me refiero cuando hablo de paternidad espiritual?

Para empezar, no soy nada original al emplear esta expresión. Muchos la han usado y la usan en relación con creyentes y con colaboradores en el ministerio con quienes están relacionados de manera especial, bien por haber intervenido directamente en su conversión o en su desarrollo espiritual o ministerial. Habremos de combinarla con el término *mentor*, a partir de la cual algunos derivan la de "mentorado", por derivación de la palabra inglesa *mentoring*; pero esta palabra, "mentorado", según la Real Academia Española, es extraña a nuestra lengua y, por tanto, no seré yo quien la use en adelante.

Un mentor es un consejero o guía, según definición de la Real Academia a la que hemos invocado antes. La palabra *padre* tiene connotaciones generativas, es decir, que la persona así denominada ha de haber tenido alguna responsabilidad en el nacimiento de la otra que lo tiene por tal y a quien se considera, por tanto, como hijo. Se puede ser padre natural y también por adopción, como todo el mundo sabe.

Pablo se consideraba padre espiritual de Timoteo, aunque no parece que fuera convertido suyo. Por las palabras que le dirige en la introducción de su segunda carta, donde le recuerda: "Siento deseo de verte, para llenarme de gozo, trayendo a la memoria la fe no fingida que hay en ti, la cual habitó primero en tu abuela Loida y en tu madre Eunice, y estoy seguro que en ti también. Por eso te aconsejo que avives el fuego del don de Dios que está en ti por la imposición de mis manos", bien parece que su conversión fuera efecto del testimonio de su madre y de su abuela, y que Pablo fuera quien lo dirigió al ministerio y lo estableció en él mediante la imposición de sus manos, es decir, quien lo ordenó tras habérselo llevado como colaborador en su tarea misionera.

De cualquier modo, la relación de Pablo con Timoteo fue una relación de padre a hijo en la dimensión del espíritu. ¿Qué puede significar eso para nosotros hoy en forma práctica? ¿Podemos o debemos potenciar relaciones de este tipo en nuestros medios?

Hay quienes rehúyen considerar algo así, pensando que no corresponde, que es malsano, o por cualquier otra causa. Yo creo que, si es una relación natural, es perfectamente legítima, y que tener referencias claras motivadas por el amor y no por el afán de poder de unos o de otros, establece relaciones sanas y provechosas siempre necesarias en la obra de Dios, sobre todo cuando muchas veces el ministerio, sobre todo el pastoral, implica tantas situaciones de duda, de incomprensión y de soledad. No se trata de una relación jerárquica, imposible entre personas maduras que ya han alcanzado su mayoría de edad y son responsables de sí mismas, sino de una relación de amor y cuidado mutuo, donde el padre atiende al hijo y el hijo cuida al padre, si se nos permite expresarlo así.

Recuerdo que, en mis comienzos, el misionero José Antonio Aldapa, que he mencionado anteriormente y a quien habré de referirme siempre con reconocimiento y profundo aprecio por la influencia que su vida y ministerio han tenido en mí, así como su esposa Carmen, insistía en su papel de Pablo y el nuestro de "timoteos". A veces los tales nos sentíamos molestos porque llegábamos a pensar que parecía arrogancia, al asumir él el papel del apóstol; pero, con el tiempo, nos dimos cuenta que era asumir la analogía con un propósito didáctico, teniendo a Pablo y Timoteo como modelos de una relación espiritual de padre–hijo.

El mentor o guía, sobre todo si, como hemos dicho antes, está unido a su pupilo o pupila por una relación natural, va introduciéndoles poco a poco y de manera deliberada en las responsabilidades propias del ministerio a fin de que vayan adquiriendo las competencias adecuadas para, en su día, asumir responsabilidades mayores. Es como un maestro, un guía, o la más antigua palabra de *ayo*, a quien hace referencia nuestras Biblias Reina-Valera cuando hablan de la Ley en Gálatas, como "nuestro ayo para llevarnos a Cristo", y que en griego es *paidagogos*, origen de la nuestra, pedagogo, que literalmente quiere decir "guía de niños", es decir, quien los conduce en su desarrollo hacia la madurez.

¿Tenemos padre, pues, o somos hijos de la Inclusa? Nuestros seminarios desempeñan un extraordinario papel en la formación de nuestros ministros, pero si pensamos que son ellos los constructores de ministerios, nos equivocamos, porque construir es mucho más que fabricar, y no digo con esto que sea lo que los seminarios hacen. Su papel es el de instructores, capacitando académica y espiritualmente a creyentes que desean formarse –espero que la mayoría de ellos– por vocación. Es cierto que para algunos desempeñan el papel de la Inclusa, una institución que acoge a huérfanos hasta su mayoría de edad y, aunque en ninguna manera es mi intención manifestar ningún tipo de menosprecio a los que han tenido que pasar por allí por una circunstancia adversa de sus vidas, no cabe duda de que es mucho más deseable tener padre y madre y disfrutar del calor de un hogar, que ser hijos de una institución, por muy honrosa, legítima y beneficiosa que esta sea. Quienes han pasado por allí, me refiero a la Inclusa, siempre sentirán que han sufrido una carencia.

Sea como sea, soy un ferviente defensor de los seminarios, siempre que siembren en los estudiantes la verdadera buena semilla y no la prepotencia, el escepticismo y la duda. Me honro en haber obtenido titulación en un buen seminario, hoy reconocido por el Estado y haber sido profesor de varias asignaturas en ese mismo seminario, a donde no tengo reparos en enviar a creyentes de la iglesia que pastoreo que desean estudiar allí. Lo hago porque tengo confianza en la institución, a la vez que conozco bien sus limitaciones. Los ministerios se levantan en la iglesia local, hay quienes tienen la oportunidad de ir al seminario, pero son reconocidos por la propia iglesia, que es donde al fin y al cabo ejercerán como siervos o siervas de Dios.

Ahora bien, volviendo al tema, siendo la paternidad una analogía, hemos de aprender bien de qué se trata; qué es y qué no es, cuáles son sus límites, sus beneficios, sus peligros, etc.

Evidentemente, nuestro modelo de padre es el Padre eterno, Dios mismo, el Padre de nuestro Señor Jesucristo que él mismo nos reveló, tal como nos dice el apóstol Juan en su evangelio: "A Dios nadie lo ha visto jamás; el unigénito Hijo, que está en el seno del Padre, él lo ha dado a conocer" (Jn 1:18). Juan resalta a lo largo de todo su evangelio esta relación especial de Jesús con el Padre.

El escritor de Hebreos hace una reflexión acerca de la relación entre padres e hijos y la aplica a nuestra relación con Dios:

> Tuvimos a *nuestros padres terrenales* que nos disciplinaban, y los venerábamos. ¿Por qué no obedeceremos mucho mejor al Padre de los espíritus, y viviremos? Y aquellos, ciertamente por pocos días nos disciplinaban como a ellos les parecía, pero este para lo que nos es provechoso, para que participemos de su santidad. Es verdad que ninguna disciplina al presente parece ser causa de gozo, sino de tristeza; pero después da fruto apacible de justicia a los que por medio de ella han sido ejercitados" (Hb 12:9-11).

El tema de la reflexión es la disciplina –según traducción RV– y la obediencia, y lo provechoso de responder positivamente a ellas. Podemos entender la disciplina como la corrección en casos de pecado, lo que ciertamente está en el contexto, pero no hemos de limitar su significado a esa faceta del proceso formativo, sino que hemos de entenderla también de un modo menos dramático y más natural, como la enseñanza, la instrucción, sentido pleno de la palabra *paideia*, que incluye, según Strong, el adiestramiento y la educación integral del niño, en nuestro caso del creyente en formación, incluyendo su capacitación para el ministerio. Fijémonos, pues, en la parte que puede aportarnos el texto al asunto y tema que estamos tratando. La paternidad espiritual, cabalmente entendida y practicada dentro de sus límites bíblicos, puede aportarnos mucha bendición y ayuda en la construcción de los futuros ministros del Señor, sean estos hombres o mujeres.

Actuar como padre espiritual implica cuidar, atender, aconsejar, proteger, guiar, corregir, etc. No es una labor fácil. Es importante saber que la paternidad espiritual no implica una autoridad omnímoda como la del antiguo *pater familias* romano, o el jefe de clan de las culturas tribales, que también ha sobrevivido en alguna manera hasta no hace tanto en las culturas de nuestro entorno. Es una autoridad moral que no se impone a la fuerza sino por la aceptación natural de quien ocupa el lugar del hijo o hija, basada en el reconocimiento, el respeto y la valoración de la sabiduría de quien ejercerá esa autoridad espiritual, además del posible vínculo natural que la origina. Cualquier autoritarismo queda excluido, puesto que el autoritarismo no es autoridad sino el abuso de ella. Si ejercemos de padres o mentores en la construcción de un ministerio, cualquiera que este sea, nuestra actuación dependerá de la posición que ocupemos en ese momento, del grado de madurez de la persona a la que servimos de guía, y del nivel de autoridad que la tal persona nos quiera otorgar.

Es cierto que podemos reclamar en cierta medida esa autoridad, dependiendo de muchas circunstancias, como lo hizo Pablo en alguna ocasión, pero no ejerciendo una presión impositiva, sino con argumentos espirituales en beneficio siempre de la persona sobre la que se puede ejercer. Dirigiéndose a la iglesia en Tesalónica, que él mismo había fundado, escribe: "sabéis *de qué modo, como el padre a sus hijos*, exhortábamos y consolábamos a cada uno de vosotros, y os encargábamos que anduvierais como es digno de Dios, que os llamó a su Reino y gloria" (1 Ts 2:11-12). Esa es la manera: animando, consolando, encargando –que no mandando, aunque en ocasiones, dadas las circunstancias, tuviera que recurrir a palabras más fuertes.

Esta relación padre-hijo es una relación de madurez, como la relación natural lo es también. Hay un tiempo natural de tutela al inicio de esa relación, pero esa tutela no debe prolongarse más allá del tiempo propio de desarrollo, hasta alcanzar la madurez, tal como nos señala Pablo en Gálatas, aunque el contexto sea otro. Pablo dice: "Entre tanto que el heredero es niño [...] está bajo tutores y administradores hasta el tiempo señalado" (Gá 4:1-2). Esta relación de paternidad espiritual no es en modo alguno una dependencia indefinida y permanente, pues de ser así podría llegar a ser abusiva y patológica, además de ser una muestra clara de inmadurez. La finalidad última de toda enseñanza es llevar al enseñado a la plena autonomía, que es la demostración de haber alcanzado la madurez, lo que implica conocimiento, habilidad, equilibrio emocional y la capacidad de relacionarse con el entorno en condiciones positivas y productivas.

Un ejemplo: Pablo y la iglesia en Corinto

El Libro de los Hechos nos cuenta cómo nació esta iglesia, fundada por Pablo:

> Después de estas cosas, Pablo salió de Atenas y fue a Corinto. Y halló a un judío llamado Aquila, natural del Ponto, recién venido de Italia con Priscila, su mujer, por cuanto Claudio había mandado que todos los judíos salieran de Roma. Fue a ellos y, como era del mismo oficio, se quedó con ellos y trabajaban juntos, pues el oficio de ellos era hacer tiendas. Y discutía en la sinagoga todos los sábados, y persuadía a judíos y a griegos (Hch 18:1-4).

Pablo llegó a Corinto solo, procedente de Atenas. Timoteo y Silas se habían quedado en Berea, tras el alboroto que hizo que Pablo tuviera que abandonar el lugar. Allí encontró a Aquila y a Priscila, con quienes comenzó a trabajar en su oficio de hacer tiendas mientras dedicaba los sábados a predicar en la sinagoga. Escribe Lucas que "cuando Silas y Timoteo vinieron de Macedonia, Pablo estaba entregado por entero a la predicación de la palabra, testificando a los judíos que Jesús era el Cristo" (18:5). Pero los judíos acabaron por rechazar el mensaje del evangelio. Es entonces cuando pronuncia aquellas duras palabras: "¡Vuestra sangre sea sobre vuestra propia cabeza! Mi conciencia está limpia; ¡desde ahora me iré a los gentiles!" (18:6).

El relato de Lucas sigue diciendo: "Salió de allí y se fue a la casa de uno llamado Justo, temeroso de Dios, la cual estaba junto a la sinagoga. Crispo, alto dignatario de la sinagoga, creyó en el Señor con toda su casa; y muchos de los corintios al oír, creían y eran bautizados" (18:7-8). Pablo estuvo ministrando en Corinto durante un año y medio. La iglesia de Corinto era, pues, fruto del trabajo de Pablo y de sus colaboradores. La paternidad espiritual de Pablo en este caso es natural respecto de los corintios, al menos en lo que concierne a la iglesia como congregación y, sin duda, respecto de muchos de los creyentes que la componían.

Cuando Pablo escribe su carta a la iglesia de Corinto –la primera de las dos recogidas en el Nuevo Testamento– obviamente él ya no estaba allí; la iglesia, adulta, ya se gobernaba a sí misma. La estrategia que Pablo seguía y enseñaba a sus colaboradores era dejar personas responsables –ancianos– a cargo de las iglesias que abrían, conforme al texto de Hechos: "Constituyeron ancianos en cada iglesia y, después de orar y de ayunar, los encomendaron al Señor en quien habían creído" (Hch 14:23). Esa es igualmente nuestra misión. Eso es *construir* ministerios cristianos a la vez que se construyen –o se plantan– iglesias (no hablamos de templos, sino de comunidades cristianas). Es un acto de paternidad espiritual y ministerial, basado en un trabajo bien hecho para conseguir líderes maduros y en la confianza en Dios, "estando persuadido[s] de esto, que el que comenzó en vosotros [o ellos] la buena obra la perfeccionará hasta el día de Jesucristo" (Flp 1:6).

Una vez hecho nuestro trabajo de selección, formación y adiestramiento, solo nos queda encomendarlos en las manos del Señor, quien continuará su obra con la que nosotros hemos colaborado, pues hemos de estar bien convencidos que los ministerios los levanta el Señor y no nosotros, aunque Dios nos permita el privilegio de colaborar con él en tan importante labor. Así lo reconoce Pablo cuando escribe por segunda vez a los corintios: "Así, pues, nosotros, como colaboradores suyos, os exhortamos también a que no recibáis en vano la gracia de Dios" (2 Cor 6:1).

Las dos cartas de Pablo a los corintios están llenas de tensión, porque aquella era una iglesia compleja y problemática. Los motivos que originan la primera carta ya lo ponen de manifiesto; primero, un informe por parte de un tal Cloé acerca de ciertas disputas entre los creyentes por causa de sus simpatías por unos u otros líderes, originando grupos o partidos dentro de la iglesia y, por tanto, conflictos y enfrentamientos, rompiendo así la debida unidad, además de equivocar la naturaleza de la iglesia y el papel de sus ministros: unos eran partidarios de Pablo, otros de Pedro o de Apolo, incluso también había los partidarios de Cristo, que debían creerse "los más espirituales", esos que dicen que solo siguen al Señor y no a los hombres. Se ve que, por el propio origen de la iglesia, mayoritariamente gentil, había una tendencia a valorar en exceso la sabiduría humana –filosofías, erudición, elocuencia– y por eso Pablo tiene que recordarles lo siguiente:

> Así que, hermanos, cuando fui a vosotros para anunciaros el testimonio de Dios, no fui con excelencia de palabras o de sabiduría, pues me propuse no saber entre vosotros cosa alguna sino a Jesucristo, y a este crucificado. Y estuve entre vosotros con debilidad, y mucho temor y temblor; y *ni mi palabra ni mi predicación fueron con palabras persuasivas de humana sabiduría, sino con demostración del Espíritu y de poder*, para que vuestra fe no esté fundada en la sabiduría de los hombres, sino en el poder de Dios. (1 Cor 2:1-5).

Además, había en la congregación algunos que cuestionaban el ministerio de Pablo y su relación con la iglesia de Corinto, y existían situaciones morales inadmisibles en una iglesia de Cristo. Todos esos problemas alarmaban a Cloé y, seguramente, a muchos otros en la iglesia. En segundo lugar, la propia iglesia planteó algunas preguntas a Pablo concernientes a diversos temas, y él les da respuesta. Todo lo cual constituye para nosotros un buen ejemplo para que podamos comprender mejor este tipo de relación de paternidad espiritual de la que hablamos aquí.

¿Podemos discernir el tono que Pablo emplea cuando escribe a aquellos creyentes, incluidos sus líderes? Creo que sus propias palabras y expresiones son lo suficientemente significativas y elocuentes.

En primer lugar, Pablo les habla como quien tiene autoridad sobre ellos, pero con suma delicadeza y cariño, midiendo las palabras con cuidado. Hablamos de autoridad, pero de autoridad espiritual, no coercitiva. En general les habla con argumentos razonables, haciendo que ellos mismos respondan a sus preguntas lógicas. Hace que se enfrenten a sus propias contradicciones y que traten de resolverlas por sí mismos, tal como haría un padre con un hijo adulto y autónomo, responsable de sus propios actos y de su familia, con quien es capaz de conversar con amor a la vez que respeta su autonomía y libertad, pues esta es la clave de toda relación provechosa y fructífera.

Cuando menciona su propia posición lo hace resaltando lo que Dios ha hecho en su vida y no cualquier otro derecho personal o posición de superioridad:

Pablo, llamado a ser apóstol de Jesucristo por la voluntad de Dios (1 Cor 1:1).

¿Qué, pues, es Pablo, y qué es Apolos? Servidores por medio de los cuales habéis creído; y eso según lo que a cada uno concedió el Señor (3:5).

Conforme a la gracia de Dios que me ha sido dada, yo, como perito arquitecto, puse el fundamento, y otro edifica encima (3:10).

Que los hombres nos consideren como servidores de Cristo y administradores de los misterios de Dios. Ahora bien, lo que se requiere de los administradores es que cada uno sea hallado fiel. En cuanto a mí [...] ¡Ni aun yo mismo me juzgo! Aunque de nada tengo mala conciencia, no por eso soy justificado; pero el que me juzga es el Señor (4:1-4).

Según pienso, Dios nos ha puesto a nosotros los apóstoles en el último lugar, como a sentenciados a muerte [...] Nosotros somos insensatos por causa de Cristo, y vosotros sois prudentes en Cristo; nosotros débiles, y vosotros fuertes; vosotros sois honorables, y nosotros despreciados (4:9-10).

¿No soy apóstol? ¿No soy libre? ¿No he visto a Jesús el Señor nuestro? ¿No sois vosotros mi obra en el Señor? Si para otros no soy apóstol, para vosotros ciertamente lo soy, porque el sello de mi apostolado sois vosotros en el Señor (9:1-2).

No hemos usado de este derecho [el de recibir ayuda económica de la iglesia], sino que lo soportamos todo por no poner ningún obstáculo al evangelio de Cristo (9:12).

Yo soy el más pequeño de los apóstoles, y no soy digno de ser llamado apóstol, porque perseguí a la iglesia de Dios. Pero por la gracia de Dios soy lo que soy; y su gracia no ha sido en vano para conmigo, antes he trabajado más que todos ellos; aunque no yo, sino la gracia de Dios que está conmigo (15:9-10).

¿Son estas palabras de altivez o de dominio? ¿Intenta Pablo controlar a aquellos que un día fueron sus feligreses y con los que se siente ligado por razón de su trabajo? Estos textos más bien muestran la humildad de Pablo y su percepción clara de que por sí mismo no era nada, que su autoridad era espiritual, ejercida en la libertad del Espíritu y no por fuerza. Dios lo había llamado para un apostolado especial no teniendo en cuenta su pasado. Los creyentes en Corinto eran la prueba de su apostolado, por eso él los llama "carta de Cristo expedida por nosotros, escrita no con tinta, sino con el Espíritu del Dios vivo" (2 Cor 3:3).

En esta segunda carta él declara: "No que nos enseñoreemos de vuestra fe, sino que *colaboramos para vuestro gozo* porque por la fe estáis firmes" (1:24). El apóstol no está imponiendo nada a la iglesia de Corinto, quiere que reacciones y actúen por sí mismos.

Son muchas las referencias que podemos mencionar de ambas cartas; todas ellas nos hablan de esta manera especial de tratar Pablo a sus "hijos espirituales". Sus expresiones son inequívocas, sin altivez ni espíritu de superioridad, con empatía, con palabras de ánimo, aconsejando y no imponiendo. En los asuntos inadmisibles, será más duro, como no puede ser de otra manera, porque en la iglesia no se puede convivir con el pecado flagrante y descarado sin ser tratado convenientemente; con misericordia, sí, pero con contundencia para que no contamine a toda la comunidad. La madurez exige tomar sus propias decisiones, basadas en un discernimiento de lo bueno y lo malo integrado en la propia experiencia y no impuesto desde fuera. El escritor de la Carta a los Hebreos dice: "Todo aquel que participa de la leche es inexperto en la palabra de justicia, porque es niño. El alimento sólido es para *los que han alcanzado madurez*, para *los que por el uso tienen los sentidos ejercitados en el discernimiento del bien y del mal*" (Hb 5:13-14).

Reconocer, pues, la paternidad espiritual de quienes nos iniciaron en el evangelio y en el ministerio no significa tener que depender de ellos permanentemente, ni verse forzados a actuar obligatoriamente como ellos piensan, pero sí mantenerles el respeto y la consideración, y valorar sus consejos. Aunque posiblemente pertenezcan a otra generación y puede que su manera de ver las cosas sea distinta de la nuestra, su propia experiencia y sabiduría pueden ayudarnos mucho.

El siguiente texto de Hebreos encaja perfectamente en lo que estamos diciendo: "Acordaos de vuestros pastores, que os hablaron la palabra de Dios; considerad cuál haya sido el resultado de su conducta e imitad su fe" (Hb 13:7). Si Dios honró sus ministerios y les bendijo con resultados valiosos, algo habrá en sus vidas que pueda sernos de utilidad. El texto nos recomienda imitar su fe. No son sus ideas, ni sus métodos o incluso estrategias lo importante, porque estas variarán según las circunstancias y los tiempos, pero la fe es siempre un arma poderosa que resuelve las más difíciles situaciones. ¿Les valió a ellos? También ha de valernos a nosotros. El ejemplo de sus vidas entregadas y los resultados obtenidos son para nosotros un tesoro de gran valor que no podemos menospreciar.

CAPÍTULO 4

Enseñar, instruir, adiestrar

Jesús era el Maestro y, por tanto, una de sus labores fundamentales era la de enseñar, tal como nos lo describe Mateo: "Recorría Jesús todas las ciudades y aldeas, *enseñando* en las sinagogas de ellos, *predicando* el evangelio del Reino y sanando toda enfermedad y toda dolencia en el pueblo" (Mt 9:35). El tiempo que estuvo con sus discípulos –al parecer, unos tres años– se dedicó a enseñarles, a instruirles y a adiestrarlos para la tarea que a su tiempo les habría de ser encomendada. Cuando al fin se despidió de ellos para irse al cielo, les comisionó diciéndoles: "Id y *haced discípulos* a todas las naciones, bautizándolos en el nombre del Padre, del Hijo y del Espíritu Santo, y *enseñándoles* que guarden todas las cosas que os he mandado" (Mt 28:19-20).

Por tanto, nuestra tarea como comisionados por el Señor también es enseñar, no en balde uno de los requisitos para quien preside una iglesia es "que sea apto para enseñar" (1 Tm 3:2). No todo el mundo puede hacerlo eficientemente, porque la enseñanza es una actividad que requiere capacitación y habilidad para que alcance su objetivo, que no es otro sino que la gente aprenda, y aprender es adquirir no solo conocimiento teórico, sino habilidades, competencias, visión, pasión, relación, etc. Se aprende escuchando y viendo, pero sobre todo haciendo y aplicando lo aprendido a la vida práctica que, además, sucede en relación con otras personas, pues de nada sirve saber mucho pero no ser capaces de aplicarlo a la vida en común que mantenemos y desarrollamos. No olvidemos que el ministerio tiene que ver con *relaciones*. Somos personas enviados a personas, a gente como nosotros, pero necesitada.

En el capítulo diez del evangelio de Lucas se nos dice que Jesús escogió, además de los doce, "a otros setenta, a quienes envió de dos en dos delante de él a toda ciudad y lugar adonde él había de ir" (Lc 10:1), dándoles ciertas instrucciones básicas de cómo debían actuar frente a las circunstancias que se les habrían de presentar. Sus propias experiencias vividas les servirían como ninguna otra lección para formarles en la labor de dar testimonio de su Señor entre sus conciudadanos. Un poco después, Lucas cuenta cuál fue el resultado de aquella osadía del gran Maestro: "Regresaron los setenta con gozo, diciendo: ¡Señor, hasta los demonios se nos sujetan en tu nombre!" (Lc 10:17). Pusieron en práctica lo que el Maestro les había dicho, viendo los resultados por sí mismos. Imagino su asombro y la inyección de fe y confianza que recibieron.

Este pasaje me hace recordar mis tiempos jóvenes, cuando con entusiasmo nos echábamos a la calle cargados de folletos, evangelios y biblias, y puerta a puerta predicábamos el evangelio por todas las barriadas y pueblos de nuestro entorno. El misionero, José Antonio Aldapa, nos animaba a hacerlo y recuerdo que me decía: "Es importante que vosotros mismos viváis vuestras propias experiencias que alimentarán vuestra fe. Ahí fuera os vais a enfrentar a muchas situaciones que os resultarán novedosas pero que os enseñarán a vivir por fe, viendo lo que Dios es capaz de hacer por medio vuestro". Ciertamente, quienes hacíamos aquella labor, llenamos nuestra alforja de vivencias, vivencias que aún hoy en día nos sirven de referencia y prueban que Dios está vivo y es quien nos lleva adelante y nos respalda con su poder, pues como dijo Jesús, "sin él, nada podemos hacer". Estoy seguro de que cualquiera que haya vivido el ministerio durante algunos años tiene una alforja llena de experiencias maravillosas que lo fortalecen y le sirven de apoyo en los momentos de desánimo, y recordemos: "Jesucristo es el mismo ayer, hoy y por los siglos" (Hb 13:8).

Recupero las palabras de Pablo a Timoteo: "Tú, pues, hijo mío, esfuérzate en la gracia que es en Cristo Jesús. Lo que has oído de mí ante muchos testigos, esto encarga a hombres fieles que sean idóneos para enseñar también a otros" (2 Tm 2:1-2).

Aprendemos de nuestros mentores, de quienes contribuyeron a nuestro desarrollo como creyentes y como ministros del Señor, y lo enseñamos a otros que lo harán a su vez con quienes les sigan a ellos. Es una cadena ininterrumpida que permite que la obra de Dios siga adelante, extendiéndose "hasta lo último de la tierra" a través de los tiempos. Así ha llegado hasta nosotros y no puede parar. Ni yo ni tú podemos contribuir a que se detenga, bien al contrario, hemos de aportar nuestros mejores esfuerzos para contribuir a que otros continúen nuestra labor. Pertenecemos a una generación que ha recibido un legado de la anterior y que ha de transmitirlo a la siguiente, conservando lo insustituible, la esencia del legado, enriqueciéndolo con nuestra propia aportación. Solo así habremos cumplido con nuestra misión responsablemente. Nada empieza en nosotros; nada acaba en nosotros. Somos un eslabón de continuidad.

Pablo continúa aconsejando a Timoteo, pastor aún joven e inexperto que se enfrentaba a los problemas comunes a tal ministerio, y le dice:

Recuérdales esto, exhortándolos delante del Señor a que no discutan sobre palabras, lo cual para nada aprovecha, sino que es para perdición de los oyentes. Procura con diligencia presentarte a Dios aprobado, como obrero que no tiene de qué avergonzarse, que usa bien la palabra de verdad. Pero evita profanas y vanas palabrerías, porque conducirán más y más a la impiedad y su palabra carcomerá como gangrena" (2 Tm 2:14-17).

¿A quiénes ha de recordarles esas cosas? Se trata de aquellos "hombres fieles" a quienes habría de encomendar la tarea del ministerio. Es interesante ver la preocupación que muestra Pablo en sus cartas pastorales por las disputas verbales, las "profanas y vanas palabrerías" a las que muchos son tan aficionados. Su primera carta a Timoteo comienza atendiendo a esa preocupación:

Como te rogué que te quedaras en Éfeso cuando fui a Macedonia, para que mandaras a algunos *que no enseñen diferente doctrina*

ni presten atención a fábulas y genealogías interminables (que aca-
rrean discusiones más bien que edificación de Dios, que es por
fe), así te encargo ahora. El propósito de este mandamiento es
el amor nacido de corazón limpio, de buena conciencia y fe no
fingida. *Algunos, desviándose de esto, se perdieron en vana palabre-
ría.* Pretenden ser doctores de la Ley, cuando no entienden ni lo
que hablan ni lo que afirman. (1 Tm 1:3-7).

Para construir ministerios cristianos es necesario primero echar buenos
cimientos y, como bien sabemos, "nadie puede poner otro fundamento que el que está puesto, el cual es Jesucristo" (1 Cor 3:11). Enseñar
es construir sobre fundamento previo; se aprende sobre lo aprendido.
No se puede edificar un ministerio cristiano si no es sobre el mismo
Jesucristo presente y vivo en nuestra propia experiencia diaria, sobre su
persona, su obra y su enseñanza. El ministerio consiste en realidades,
no en palabras bonitas ni en discusiones teológicas, por mucho valor
e importancia que tenga la teología, aunque haya momentos oportunos para defender la fe y la doctrina. Es poder, no propaganda (1 Cor
4:20). Tampoco es una carrera de velocidad, a ver quién corre más,
sino de fondo, donde la resistencia hasta el final nos dará la victoria.
Vivimos en un tiempo muy desarrollado tecnológicamente y tenemos
a nuestro alcance medios modernos muy sofisticados, así como Jesús se
aprovechó de una simple barca, de las condiciones acústicas de la lade-
ra de una colina o de las instalaciones de una sinagoga. Pero, cuidado,
la extensión del evangelio y su eficacia salvadora y sanadora no dependen de nuestra cartelería, ni de nuestros focos de colores o de la potencia de nuestros altavoces: ambas cosas dependen del poder de Dios.
El evangelio avanza, no gracias a los medios tecnológicos, sino gracias
al poder del Espíritu Santo. Toda esa parafernalia de medios que podemos ostentar tiene su lugar y puede servir para atraer o amontonar
gente, pero la gente se salva por la obra interior, callada y secreta del
Espíritu Santo. Lo digo porque, a veces, cuando no disponemos de
todos los medios de que nos gustaría disponer, nos sentimos frustra-
dos y podemos llegar a pensar que nuestro éxito se verá mermado por
tales carencias. Si pensamos así, es claro que nos falta fe y que nuestra
idea de la obra de Dios es defectuosa. Apoyo los grandes eventos, las
campañas espectaculares, el uso de cuantos medios sean posibles para

la extensión del evangelio, todo cuanto se haga para alcanzar las almas y "para la gloria de Dios", y no la nuestra. Hemos de ser creyentes de nuestro tiempo. Pero no desdeño en absoluto la humilde tarea de hablarle a un alma solitaria, lejos de las multitudes; de orar por una persona necesitada, sin repercusión mediática alguna, de aportar consuelo y paz a quien lo necesita en el anonimato de un encuentro personal e íntimo. Para tal labor no hacen falta medios tecnológicos modernos, ni publicidad, solo un corazón preparado para dar testimonio de Jesucristo, capaz de sentir compasión por quien sufre y padece la ausencia de Dios. Así me ganaron a mí para el Señor, en una noche oscura apenas iluminada por la luz de las estrellas, en un lugar solitario, humilde y apartado. No había nadie por allí; sólo quien me ganó para el Señor y yo. Mi experiencia con Dios fue real y duradera, no un momento de emoción pasajera. De allí, Dios me ha traído hasta aquí. A veces, cuanto más visibles nos hacemos, más se nos ven nuestros defectos y miserias, y más y peores peligros corremos.

La trayectoria de Timoteo como ministro en construcción

Como hemos visto, la historia de Timoteo comienza para nosotros en el capítulo 16 del Libro de los Hechos, en la ciudad de Listra, perteneciente a la región de Licaonia, en Asia Menor, la actual Turquía. "Había allí [dice el relato] *cierto discípulo* llamado Timoteo, hijo de una mujer judía creyente, pero de padre griego" (16:1). En su segunda carta que le dirige, Pablo menciona a su abuela Loida y a su madre Eunice, resaltando "su fe no fingida" de la que también hace partícipe a Timoteo. Este es el primer dato que tenemos de él: un discípulo como cualquier otro, sin nada especial que señalar, lo que lo hace similar a cualquiera de nosotros y, por eso, podemos sin dificultad sentirnos identificados con él.

Se añade que tenía "buen testimonio" entre "los hermanos que estaban en Listra y en Iconio" (Hch 16:2). En consecuencia, "Quiso Pablo que este fuera con él" (16:3). Ya hemos hablado en el capítulo dos de la sensibilidad de Pablo, de su ojo experto para reconocer el potencial de un futuro ministro, alguien en quien valía la pena invertir ministerialmente. Haría falta tiempo, paciencia, esfuerzo, formación, buenas dosis de confianza, delegar en él responsabilidades, cultivar su vida de comunión con Dios, animarle y fortalecerle en los momentos de desánimo y debilidad, y muchas cosas más, pues, de momento solo era eso, un discípulo o aprendiz de cristiano.

Así que Pablo "lo tomó con él", es decir, desde ese momento lo asoció a su ministerio tomándolo a su cargo. Muchos de nosotros pensaríamos hoy que una decisión así sería una temeridad, algo prematuro e inadecuado, de tanto que exigimos a veces a la gente para depositar en ellos nuestra confianza. Pero era Pablo y eran otros tiempos, de modo que comenzaba así la etapa de aprendizaje, formación y adiestramiento del futuro pastor Timoteo, como también nosotros, en algún momento de nuestra vida, comenzamos nuestro recorrido hacia el ministerio y como habrá de suceder con muchos otros que seguirán su ejemplo y el nuestro. Comenzaba también la tarea de Pablo de construir un ministerio útil para el Señor, que le reportaría grandes satisfacciones futuras –y también preocupaciones, por qué no decirlo– pues de él llega a decir: "*No tengo a ningún otro que comparta mis sentimientos y que tan sinceramente se interese por vosotros, pues todos buscan sus propios intereses y no los de Cristo Jesús. Pero ya conocéis los méritos de él, que como hijo a padre ha servido conmigo en el evangelio*" (Flp 2:20-22). Tremendo elogio a favor de su pupilo. Es evidente que la inversión de Pablo en Timoteo fue productiva y fructífera, como también lo fue con otros, aunque también algunos fallaron, como sabemos por los propios escritos de Pablo. Podemos preguntarnos: ¿cómo ha sido la inversión que nuestros mentores hicieron en nosotros?, ¿hemos respondido adecuadamente a su confianza?, ¿hemos permitido a Dios hacer en nosotros lo que él "ha determinado" acerca de nuestras vidas? Ojalá que las respuestas a estas preguntas sean todas positivas. En todo caso, la misericordia de Dios es grande y siempre brinda nuevas oportunidades, aunque lo mejor es saber aprovechar las que él nos brinda desde el principio. El misionero Aldapa siempre nos decía que hay varias maneras de aprender de Dios, pero que la mejor manera era la de la obediencia inmediata, porque todas las otras son a cuál más dolorosa y, en ocasiones, con pérdidas irrecuperables.

Continuando con su trayectoria, tras lo dicho en esos primeros versículos del capítulo 16, Timoteo desaparece del relato; pasa así por un tiempo al anonimato bíblico. Es tiempo de aprender, no de figurar. ¡Cuánto se aprende en la humildad del anonimato y cuántos peligros se evitan! No le vino mal, pues evitó los azotes y la prisión en Filipos, siendo Pablo y Silas los protagonistas de tan doloroso episodio. Ciertamente fue doloroso, pero también glorioso, pues vivieron una liberación portentosa de parte del Señor y la conversión del carcelero y su familia y, no sabemos si también la de algunos de los presos que estaban en la misma prisión. Podemos inferir que algunos de ellos también entregarían sus vidas al Señor. ¡Tremenda experiencia! Timoteo, junto a Lucas, vio lo acontecido y comprobó con sus propios ojos lo que Dios era capaz de hacer por los suyos. Estaba aprendiendo, almacenando en su conciencia, atesorando experiencias -incluidas las de otros- para el porvenir que le esperaba. Reaparece en el capítulo 17, que nos dice:

> Cuando los judíos de Tesalónica supieron que también en Berea era anunciada la palabra de Dios por Pablo, fueron allá y también alborotaron a las multitudes. Entonces los hermanos hicieron que Pablo saliera inmediatamente en dirección al mar; pero *Silas y Timoteo se quedaron allí*. Los que se habían encargado de conducir a Pablo lo llevaron a Atenas; y habiendo recibido el encargo de que *Silas y Timoteo* vinieran a él lo más pronto posible, salieron (Hch 17:13-15).

Timoteo pasa a ser el compañero de Silas, con un encargo, una responsabilidad que cumplir. Dice el relato que "cuando Silas y Timoteo vinieron de Macedonia, Pablo estaba entregado por entero a la predicación de la palabra" (Hch 18:5). Aquí se le introduce en forma activa en la narración y ocupa ya un segundo lugar: como en la yunta, buey nuevo con buey viejo. Es curioso que, cuando Pablo hace mención de este episodio en su carta que escribe a los tesalonicenses –la primera– se refiere solo a Timoteo y no a Silas, y lo llama "nuestro hermano, servidor de Dios y colaborador nuestro en el evangelio de Cristo" a la vez que señala la misión que se le había encomendado, "para confirmaros y exhortaros respecto a vuestra fe" (1 Ts 3:2), toda una responsabilidad.

Un poco más adelante, en Hechos 19:22, Pablo, tras haber estado dos años en Éfeso, decide ir a Jerusalén y encomienda a Timoteo, junto a Erasto, una misión en Macedonia, para donde parte, ahora, al parecer como responsable del equipo de ministerio. Él se queda aún un tiempo en Éfeso hasta que sucede el incidente de los templetes de Diana, perjudicada su venta por el avance del evangelio y el abandono de la idolatría y de las supersticiones por parte de muchos de los ciudadanos de Éfeso.

Timoteo forma parte del equipo que acompaña a Pablo en su despedida de la región, participando sin duda en aquella larga reunión nocturna que acabó con un joven muerto por accidente: era tarde, el humo de las lámparas debía estar atufando a los oyentes y Pablo habló largo y tendido. Tendido en el suelo de la calle quedó también aquel joven que, adormecido por todas aquellas circunstancias, cayó desde la ventana donde estaba sentado y se mató. Afortunadamente, el abrazo de Pablo lo hizo revivir. Con el chico vivo, Pablo siguió hablando hasta el amanecer. Tremenda experiencia para Timoteo, no me cabe duda, y tremenda tuvo que ser la importancia de lo que Pablo estaba enseñando para que siguiera su plática sin inmutarse. Como hemos dicho antes: era Pablo y otros los tiempos.

A partir de ahí el Libro de los Hechos ya no lo menciona más; son las cartas de Pablo las que nos proporcionan información adicional sobre él, especialmente las dos que le son dirigidas personalmente con consejos e instrucciones acerca de la tarea que le había sido encomendada. Con todo, en su Primera Carta a los Corintios y en su Carta a los Colosenses, aparece directamente asociado al ministerio apostólico de Pablo.

Timoteo es, pues, un prototipo del ministro en construcción del que podemos aprender. La tradición añade a los datos que tenemos por el Nuevo Testamento que Timoteo continuó siendo el pastor de la iglesia de Éfeso. ¿A qué podremos llegar cada uno de nosotros siendo fieles al llamamiento del Señor? Es muy importante tener un buen comienzo para tener un desarrollo correcto y un buen final. Merece la pena recordar el proverbio: "Aun el muchacho es conocido por sus hechos, si su conducta es limpia y recta" (Prov 20:11). Timoteo se hizo notar debido a su buen testimonio en su iglesia y alrededores. El ojo experto de Pablo y su capacidad como "perito arquitecto" dieron como resultado un Timoteo exitoso, a pesar de sus temores y de su juventud. Yo fui ordenado como pastor de una congregación cuando solo tenía veintitrés años. Aunque cometí mis errores, propios de la inexperiencia y de los que he aprendido mucho, la iglesia creció, y yo también seguí creciendo ministerialmente hasta el día de hoy. Hoy puedo compartir mi experiencia con el deseo de ser útil a otros jóvenes en "construcción ministerial". A ellos dedico este libro.

El proceso del aprendizaje

El título de este capítulo nos habla de enseñar, instruir y adiestrar. Se trata de tres fases distintas en el proceso de aprendizaje. Podríamos decir que son palabras sinónimas, pero hay matices que yo veo y que es útil resaltar:

- La palabra **enseñar** proviene del latín *insignare*, compuesto de la preposición *in* (en) y la partícula verbal *signare* (señalar hacia). Es decir, la enseñanza muestra las cosas, proporciona conocimiento, señala hacia dónde se debe ir, qué se debe hacer y cómo.

  Corresponde al primer aspecto de la metodología pedagógica: que quien es enseñado adquiera competencias cognoscitivas, que sepa de qué va el asunto. Entiendo que subraya el aspecto teórico. En la construcción de un ministerio cristiano es importante y necesario impartir conocimiento acerca de las Escrituras, de la vida cristiana, de las doctrinas correctas y de las que no lo son, de cómo funciona la iglesia según el plan divino, de cómo se trabaja en equipo, cómo se evangeliza, cómo se lidera, etc. No debemos menospreciar muchas otras materias de carácter más humano, pues la formación del siervo o sierva de Dios ha de ser integral. Las ciencias humanas también son necesarias en el ministerio.

- Aunque la palabra **instruir** es sinónima de enseñar, su etimología me hace ver un matiz interesante, pues viene del latín *instruere* (de *in*, dentro, y *struere*, edificar). Para mí instruir es más que enseñar, pues implica no solo señalar el conocimiento, sino depositarlo en el interior de la persona enseñada, haciéndolo propio y construyendo sobre la base de lo ya aprendido (aprehendido, asumido, integrado). Aplicado al ministerio, quienes servimos al Señor no solo adquirimos conocimiento *acerca de* las cosas de Dios, sino que el conocimiento ha de ir integrándose en nuestras vidas hasta lograr que formen parte de nuestro carácter.

Esa es la obra del Espíritu Santo, pero nosotros, los *instructores*, hemos de ser capaces de guiar a los futuros ministros y ministras en el camino correcto hacia la meta de adquirir y reflejar el carácter de Cristo. Estas competencias son absolutamente imprescindibles en la vida de quienes sirven al Señor.

- El **adiestramiento** de quienes han sido enseñados e instruidos en lo concerniente al ministerio es igualmente importante, pues esta faceta de la construcción ministerial nos lleva al lado práctico y social del proceso. Jesús enseñó a sus discípulos, los instruyó y los echó al campo, a experimentar lo que significaba ser un colaborador del Maestro. "Reuniendo a sus doce discípulos, les dio poder y autoridad sobre todos los demonios y para sanar enfermedades. Y los envió a predicar el reino de Dios y a sanar a los enfermos" (Lc 9:1-2). ¡Claro que los instruyó y les dijo lo que tenían que hacer y cómo tenían que hacerlo! Pero los echó a volar solos. ¿Acaso estaban ya preparados para enfrentarse a la misión que habría de serles encomendada? Los datos de que disponemos según los relatos de los evangelios nos dicen que aún no del todo, pues muchas eran las lagunas en sus corazones y en sus mentes acerca de los planes de Dios y de la misma misión de su Maestro, pero el más sabio de todos los maestros sabía lo que tenía que hacer. Sigue Lucas su relato diciendo: "Y saliendo, pasaban por todas las aldeas anunciando el evangelio y sanando por todas partes" (v. 6). La cosa funcionaba; esto es "aprender haciendo", y esto es adiestramiento, es decir, *hacer a alguien diestro* —hábil y capaz— en una función determinada. El ministerio requiere capacidad, habilidad, sabiduría, discernimiento, lo que se adquiere, como nos dice el escritor de Hebreos, por el *uso* o la costumbre, *ejercitando los sentidos* humanos, espirituales y ministeriales.

Los recursos

Como instructores de nuevos ministros, siervos de Dios –hombres y mujeres–, no estamos solos, ni carecemos hoy en día de medios. Por supuesto que contamos con la asistencia del Espíritu Santo y con las Sagradas Escrituras, que como bien sabemos pueden "hacer[nos] sabio[s] para la salvación por la fe que es en Cristo Jesús. Toda la Escritura es inspirada por Dios y útil para enseñar, para redargüir, para corregir, para instruir en justicia, a fin de que el hombre [y la mujer] de Dios sea[n] perfecto[s], *enteramente preparado[s]* para toda buena obra" (2 Tm 3:15-17).

Pero la palabra de Dios ha de ser estudiada y para ello hay que comenzar aprendiendo a leerla, es decir, aplicando una exégesis y una hermenéutica correctas, para poder interpretarla conforme a la intención del autor de cada texto y aplicarla a nuestro tiempo, circunstancia y lugar. Hay que aprender la doctrina, descubrir los principios que funcionan, sin esperar encontrar en ella fórmulas o recetas de infalible resultado, y por ello nos hará falta discernimiento espiritual. La vida de iglesia y la vida práctica del creyente han de ser desarrolladas convenientemente y, como antes he dicho, adquirir el carácter de siervo. En todo esto, la propia iglesia es una pieza fundamental, con sus programas destinados a enseñar, instruir y adiestrar. La iglesia local es la verdadera escuela de ministerio, apoyada por las demás instituciones dedicadas a la enseñanza, pero nunca sustituida por ellas.

El fondo editorial cristiano es muy amplio; además de las Escrituras en multitud de versiones válidas, tenemos las obras de los grandes siervos de Dios de todos los tiempos: la patrística, las obras de los reformadores, de los protagonistas de los grandes avivamientos, de los misioneros, y toda una literatura académica y devocional actual a nuestra disposición. El fondo de literatura en español ha crecido de manera extraordinaria, tanto de obras originales de autores en lengua hispana como de traducciones, aunque estas no siempre estén a la altura exigible. Si, además, manejamos un poco de inglés, hoy lengua absolutamente necesaria en cualquier ámbito que nos movamos, nuestras posibilidades son inmensas. Además, no hay que menospreciar el saber ni la opinión de la literatura universal, que nos proporcionan conocimientos y vivencias que no están en nuestros libros de teología. Como siervos de Dios hemos de ser conscientes del mundo en el que vivimos y conocer su manera de pensar y de sentir, aunque sea contraria. Tenemos el ejemplo de Pablo y de los Padres de la Iglesia, quienes para poder hacer frente a los errores del paganismo contrarrestaron la literatura contraria de los filósofos y políticos de su época, dando origen así a la apologética cristiana.

Los seminarios evangélicos

Las instituciones de enseñanza gozan hoy de una larga trayectoria histórica, y la iglesia ha tenido mucho que ver en ellas. Dejando atrás la "escuela de los profetas" de los tiempos precristianos del pueblo de Israel, o la famosa Academia griega, la enseñanza cristiana sistematizada se remonta a los primeros siglos de nuestra era, y las escuelas parroquiales dieron lugar a las universidades que en la Edad Media empezaron a surgir por toda Europa, siendo la de Bolonia la primera, fundada en 1088. La nuestra de Salamanca es la cuarta más antigua del mundo (1218) tras las británicas de Oxford y Cambridge (1096 y 1209, respectivamente). Los seminarios católicos se desarrollan principalmente tras el Concilio de Trento (1545-1563), dada la absoluta necesidad de formación del clero diocesano, básicamente ignorante y descontrolado moralmente. La más antigua de América Latina es la Universidad de San Marcos, en Lima (Perú), creada oficialmente por orden de Carlos I en 1551. Los seminarios protestantes, evidentemente, surgen de la Reforma y muchos de ellos son hoy universidades de prestigio internacional. En la América Latina existe un buen número de seminarios evangélicos, muchos de los cuales disponen de cursos *on line* para que, desde cualquier parte del mundo, quien desee seguir estudios teológicos pueda hacerlo con comodidad. En España hay cuatro seminarios teológicos protestantes reconocidos por el gobierno español que emiten titulaciones que gozan de validez oficial y a los que se puede acceder disfrutando de la política de becas públicas. Las Asambleas de Dios de España, de la que soy miembro y ministro ordenado, tienen el honor de ver reconocido oficialmente su propio seminario como Facultad de Teología de las Asambleas de Dios, igualmente conocido como Centro Superior de Teología de las Asambleas de Dios, del que también me honro en ser titulado y haber ejercido como profesor por años, impartiendo diferentes asignaturas. Sus alumnos provienen de distintos países y denominaciones, aun siendo un seminario pentecostal.

Los seminarios son, pues, una herramienta extraordinaria para la formación de los ministros, actuales y futuros, pues no ignoramos que muchos de los que hoy ejercemos el ministerio no tuvimos oportunidad de adquirir nuestros conocimientos teológicos de manera fácil en nuestros comienzos. Muchos nos preocupamos de adquirirlos por nuestra propia cuenta, de una u otra manera, y aprovechando tardíamente –aunque nunca es tarde si la dicha es buena, dice el proverbio– los conocimientos sistemáticos adicionales necesarios y su convalidación mediante cursos y programas especiales que hoy brindan los seminarios, aunque también he de decir que no siempre sus programas de estudio abarcan las materias que realmente necesitan conocer quienes en un futuro se dedicarán al ministerio y, muy probablemente, a la tarea pastoral.

Hoy en día, pues, no hay excusa para no cumplir la recomendación de Pablo a Timoteo, siempre válida para quien se sienta llamado al ministerio: "Procura con diligencia presentarte a Dios aprobado, como obrero que no tiene de qué avergonzarse, que usa bien la palabra de verdad" (2 Tm 2:15). Este término, *obrero*, ha pasado a nuestro lenguaje evangélico con naturalidad y legitimidad bíblica, aunque para muchos hoy, ajenos a este lenguaje, solo significa alguien perteneciente a un determinado estamento laboral, caracterizado especialmente por estar dedicado mayormente a trabajos físicos, manuales y rutinarios, dentro de la cadena productiva y que, en el siglo XIX, adquirió el apelativo social de *proletariado*. Hoy, entendemos por obrero cristiano a quien dedica su vida al ministerio, a la obra del Señor, aunque también en determinados ámbitos pueda tener alguna implicación de posición subalterna. Yo prefiero llamarlos colaboradores.

El adjetivo *aprobado* es la traducción de la palabra griega *dokimos*, que es el usado en su época para definir el proceso de comprobación de las monedas, de su peso y ley, ante las muchas falsificaciones existentes en aquel tiempo. No cabe duda de que el ministerio no es algo que se proclama o se "ostenta", sino que se demuestra con hechos y resultados, es decir, que se desempeña.[6] Pablo se defiende ante quienes no querían reconocer su autoridad apostólica y, escribiendo a los corintios, les dice: "el sello de mi apostolado sois vosotros en el Señor" (1 Cor 9:2). Podríamos decir que este sello equivale al marchamo de calidad o marca que muchos productos tienen hoy como prueba de su autenticidad, su *denominación de origen controlado* (DOC).

---

[6] Palabra interesante esta, pues se descompone en *des-empeña*, es decir, que deja de ser un empeño, un deseo, un propósito, para hacerse una realidad; pasa de ser teoría o mera posibilidad a ser una realidad práctica.

Hay que añadir aquí que ese "aprobado" no es exactamente el que puede otorgar un seminario o universidad, por muy prestigioso que sea, pues el ministerio solo lo da Dios. Podemos salir de una institución graduados con excelentes notas, con un titulo prestigioso bajo el brazo, y no haber sido aprobados por Dios para el ejercicio del ministerio, porque como dice el mismo Pablo, "nuestra capacidad proviene de Dios, el cual asimismo nos capacitó para ser ministros de un nuevo pacto, no de la letra, sino del Espíritu, porque la letra mata, pero el Espíritu da vida" (2 Cor 3:5-6). Los conocimientos son importantes, pero lo más importante es que quien se dedica a servir al Señor lo glorifique con su vida, no que se glorifique a sí mismo mediante la vana ostentación de títulos y conocimientos, lleno el corazón de orgullo e hinchada la cabeza de fatuidad insana. Lo que distingue a un siervo o sierva de Dios y lo define como tal es su carácter, no su titulación.

No obstante, aun reconociendo el extraordinario valor de los seminarios, no están exentos de debate. Normalmente, los seminarios son instituciones que están ligadas a las denominaciones y, por tanto, comprometidos con sus propios posicionamientos teológicos. Algunos de ellos han derivado hacia posiciones que unos considerarán en mayor o menor medida liberales y otros serán considerados como conservadores o, incluso, fundamentalistas. Muchos pastores dudan en enviar a sus jóvenes a alguno de estos seminarios por miedo a que les cambien la manera de pensar o les llenen la cabeza de pajaritos —o pajarracos— haciéndoles pensar que una vez que salen con sus títulos lo saben ya todo y piensan que la titulación les confiere ciertos privilegios o los hace partícipes de una élite o "flor y nata" especial. Como hay opciones diversas, cada cual puede escoger lo que crea mejor para sus jóvenes o posibles estudiantes. Lo que no hay que perder de vista es que los seminarios están al servicio de las iglesias y no las iglesias al servicio de los seminarios; que son instrumentos valiosos y útiles en cuanto mantengan sus fines a favor de la formación de líderes cristianos, de ministerios sanos, santos y poderosos para la extensión del reino de Dios. El mundo cristiano necesita que entre sus filas existan personas bien formadas e, incluso, intelectuales capaces de enfrentarse a las corrientes ideológicas predominantes en el mundo actual, posmoderno y mayoritariamente ateo, pero es imprescindible que estos intelectuales estén llenos del Espíritu Santo y sepan usar la sabiduría de Dios, y no la meramente humana, pues la fe no se basa en esta sabiduría, sino en el poder de Dios. No es menos necesario fortalecer la fe con conocimiento contrastado para no hacer el ridículo con planteamientos simplistas que de por sí se descalifican solos, frente a hechos que no podemos seguir negando impunemente. Aprendamos al menos a ser prudentes y admitir que en algunas cosas podemos estar equivocados o simplemente carecer de información suficiente.

Existen peligros, especialmente cuando estas instituciones son reconocidas por los gobiernos, lo cual es deseable y beneficioso, pero requiere de mucha sabiduría y equilibrio, pues significa aceptar moverse en un terreno de juego donde rigen ciertas reglas y hay que hilar fino para no verse atrapados en las trampas del sistema, cediendo la integridad doctrinal y moral ante sus beneficios, que no se pueden negar, pero que no pueden convertirse en moneda de cambio para aceptar lo inaceptable. La fidelidad a la palabra de Dios ha de mantenerse por encima de cualquier otro criterio si queremos que los seminarios sigan siendo considerados por las iglesias como útiles, necesarios y relevantes para la formación y adiestramiento de sus ministros.

CAPÍTULO 5

Tiempo de volar

Permítaseme el uso de esta figura de las aves que, una vez que sus polluelos han alcanzado la edad adecuada, son arrojados del nido para que aprendan a volar por sí mismos. Fuera del nido está la dura realidad de la vida a la que deberán enfrentarse a partir de ese momento como aves adultas, sujetas a todas las vicisitudes propias de su existencia. No son pocas las veces que las Escrituras recurren a metáforas y símiles de la naturaleza para enseñar verdades espirituales.

A algunos les cuesta dar ese salto, acomodados en el confort del nido mullido y seguro. Pareciera un salto en el vacío, y en cierta medida lo es, pero recordemos que cuando a los polluelos les toca saltar, ya han desarrollado sus capacidades para poder volar. Trasladándonos al terreno o, en este caso, al *espacio* de la fe, recordemos que esta no nos impulsa nunca a dar un salto en el vacío, sino un salto basado en la revelación de Dios. Recordemos las palabras de Pedro: "Señor, en *tu palabra* echaré la red".

Hace poco nos encontramos en la parte exterior de mi casa una cría de mirlo, acobardada, jadeante, pues hacía mucho calor. Parecía que no iba a sobrevivir, pues no tenía fuerzas ni para moverse, mucho menos para volar. Allí estaba, jadeante, a expensas de que un depredador –un gato, por ejemplo– diera buena cuenta de él. Le dimos agua y lo colocamos en una zona donde había sombra y vegetación. Le pusimos pan mojado para que pudiera comer cuando tuviera fuerzas. Allí estuvo un par de días. Poco a poco empezó a moverse por la zona sombría de las plantas. Cuando pudo, voló y ya no le vimos más.

El comienzo de la vida ministerial puede ser dramático, lleno de problemas y obstáculos, de carencias, inseguridades y miedos. Pero el ministerio, como cualquier otra cosa en la vida cristiana, es un asunto de fe: hay que dar pasos, meter los pies en el agua, como lo hicieron los levitas a las órdenes de Josué para cruzar un río Jordán crecido y turbulento, pero que era necesario cruzar para poder entrar en la tierra que Dios les había prometido: "Cuando las plantas de los pies de los sacerdotes que llevan el Arca de Jehová, Señor de toda la tierra, se mojen en las aguas del Jordán, las aguas del Jordán se dividirán, porque las aguas que vienen de arriba se detendrán formando un muro" (Jos 3:13). Ese fue el mandato de Josué al pueblo. Lo que sucedió se narra a continuación: "Cuando los que llevaban el Arca entraron en el Jordán y los pies de los sacerdotes que llevaban el Arca *se mojaron* a la orilla del agua (porque el Jordán suele desbordarse por todas sus orillas todo el tiempo de la siega), las aguas que venían de arriba se amontonaron bien lejos [...] mientras el pueblo pasaba en dirección a Jericó" (vv.15-16).

Hay que mojarse los pies, echar a volar, o como lo quieras expresar, pero el paso de fe hacia el ministerio es fundamental, lo que significa creer en el llamamiento divino, asumir la visión que el Señor nos da, aceptar el proceso de formación y adiestramiento, y asumir el riesgo de fe de ir adelante hacia donde Dios quiere que vayamos. Sin duda, habrá dificultades, obstáculos, carencias, temores, etc., pero si esperamos a que sea "humanamente posible" para dar el paso, nunca lo daremos. Nuestras "posibilidades" no son otras sino las divinas; para Dios, "todo es posible". Nosotros solo vemos todos esos obstáculos y dificultades, pero Dios ve más allá y nosotros hemos de ser capaces de ver lo que Dios ve, más allá de lo que nuestros ojos ven: eso es tener visión.

Los caminos de Dios, en ocasiones, son complejos. ¿Por qué Pablo quedó ciego cuando tuvo su encuentro con Jesús en el camino de Damasco? ¿Por qué tuvo que esperar tres días a que viniera Ananías a orar por él? ¿Por qué, habiendo sido llamado a predicar a los gentiles, no fue él sino Pedro quien les abrió la puerta al evangelio y al reino de

Dios, yendo a casa de Cornelio junto con otros judíos? Siempre habrá muchos porqués en nuestra vida, pero lo importante es que *sepamos* que Dios está al control de todo y que sus planes son certeros. Si somos sumisos a su voluntad y nos dejamos guiar por su Espíritu Santo, la victoria y el éxito están asegurados. Todas esas preguntas tienen su oportuna respuesta. Dejo al lector la tarea de averiguarlas.

Siempre nos causa cierta perplejidad leer el pasaje de Hechos donde el Espíritu *prohíbe* a Pablo y a sus compañeros predicar la palabra en Asia, o *les impide* ir a Bitinia (Hch 16:6-7). Hay que saber interpretar las señales que nos envía el Espíritu. Dios abre puertas, pero también las cierra (Ap 3:7). La contrapartida le vino a Pablo a través de una visión nocturna: un varón macedonio los llamaba a pasar a Macedonia, ya en tierras de Europa, lo que implicaba un paso más en el cumplimiento del objetivo divino de llegar "hasta lo último de la tierra". Lucas, ahora incorporado al relato como parte del equipo, escribe: "Procuramos partir para Macedonia, *dando por cierto* que Dios nos llamaba para que les anunciáramos el evangelio" (v. 10). Dios tiene su plan que supera al nuestro, pues conoce las realidades mucho más allá de nuestras capacidades y de lo que alcanzamos a percibir o incluso prever. Nuestra mayor seguridad proviene de nuestra más completa obediencia al Señor que nos guía por caminos que pueden ser intrincados en algún momento, pero que son certeros y seguros:

> Confortará mi alma.
> Me guiará por sendas de justicia por amor de su nombre.
> Aunque ande en valle de sombra de muerte,
> no temeré mal alguno,
> porque tú estarás conmigo;
> tu vara y tu cayado me infundirán aliento.
> (Nos dice David en el Salmo 23:3-4).

Timoteo "echó a volar" cuando se arriesgó aceptando la invitación de Pablo de ir con él al campo misionero en su segundo viaje junto a Silas y otros, como el mismo Lucas. Pablo también lo había hecho antes, cuando Bernabé lo fue a buscar a Tarso para llevárselo con él a Antioquía, donde en realidad comenzó su ministerio, años después de su encuentro con Jesús.

Recuerdo la primera vez que fui invitado a predicar; o cuando, junto a mi buen compañero, Pepe Alba, salimos para establecer una iglesia en Badajoz. Él se quedaría allí; yo solo iba de acompañante y estaría yendo y viniendo, pues aún tenía pendiente cumplir con el servicio militar, en aquella época vigente y obligatorio. Recuerdo también cuando, por primera vez, mi pastor me dejó a cargo de la iglesia durante un par de semanas, por causa de un viaje que hizo a Suecia, en donde lo habían invitado a predicar. Son pasos que hay que ir dando, pero son pasos de fe. Cada uno de aquellos pasos implicó dificultades, problemas, pero paso a paso, etapa a etapa, tenía claro que el Señor me llamaba al ministerio y que ningún obstáculo o dificultad me impediría seguirle en obediencia y dedicación.

Manteniendo la metáfora, el primer vuelo, los primeros intentos y evoluciones, se dan en la cercanía del nido, cerca de su seguridad y de los progenitores, que no pierden de vista a los polluelos. Nuestro ministerio comienza en la iglesia en la que el Espíritu Santo nos ha puesto, bajo la cobertura de nuestros mentores. Allí es donde adquirimos el buen testimonio, como lo hizo Timoteo. Allí se nos ve —y vemos nosotros también— lo que somos y lo que podemos llegar a ser: aprendemos el contenido del evangelio, vamos adquiriendo el carácter cristiano, participamos de la comunión del cuerpo de Cristo, de la capacitación que nos van brindando los diferentes ministerios y demás recursos presentes en la iglesia. Cometemos nuestros primeros errores y recibimos las primeras correcciones de nuestros mayores, y también sus cuidados, su comprensión, sus consejos. Vamos aprendiendo a ser humildes, pues el errar nos sitúa en nuestro lugar, dándonos cuenta de nuestras limitaciones. Todavía hoy me sonrojo por causa de algunos de mis errores, y me pesan en el alma, pero cometer errores forma parte del proceso de aprendizaje y formación de cada cual. Así vamos creciendo y madurando en las diferentes áreas de la vida cristiana.

Pablo escribe a la iglesia que estaba en Colosas, ciudad romana de la provincia de Asia, iglesia que no había sido fundada por él, sino por Epafras, a quien menciona en el texto que sigue: "La palabra verdadera del evangelio, que *ha llegado* hasta vosotros, así como a todo el mundo, y *lleva fruto y crece* también en vosotros, desde el día que oísteis y conocisteis la gracia de Dios en verdad. Así *lo aprendisteis* de Epafras, nuestro consiervo amado, que es un fiel ministro de Cristo para vosotros..." (Col 1:5-7). Recibir el evangelio para la conversión, crecer, llevar fruto, aprender… es lo que ocurre en los creyentes cuando su experiencia con Dios es genuina y real, como lo reafirma unos renglones más tarde: "Así podréis andar como es digno del Señor, agradándolo en todo, llevando fruto en toda buena obra y creciendo en el conocimiento de Dios. Fortalecidos con todo poder, conforme a la potencia de su gloria, obtendréis fortaleza y paciencia, y, con gozo…" (vv. 10-12). Se subrayan aquí varios aspectos de la vida cristiana:

1. *Andar como es digno del Señor*, con un comportamiento cristiano coherente con el evangelio y la voluntad de Dios. Un comportamiento inadecuado acarrea vergüenza para el evangelio, deshonra a Dios, ataca a su dignidad.

2. *Agradándolo en todo*, es decir, haciendo lo que a él le agrada, su voluntad. Jesús dijo a sus discípulos en aquel precioso tiempo de intimidad durante su última cena juntos: "El que me ama, mi palabra guardará […] El que tiene mis mandamientos y los guarda, ese es el que me ama; y el que me ama será amado por mi Padre, y yo lo amaré y me manifestaré a él" (Jn 14:15, 21).

3. *Llevando fruto en toda buena obra*, pues el creyente no puede permanecer estéril, sino que ha de dar fruto. El fruto, según este texto, se manifiesta en los resultados obtenidos de las *buenas obras* o acciones emprendidas. El ministerio, en toda su amplitud, es una buena obra que está llamada a dar fruto: "Yo os elegí a vosotros y os he puesto para que vayáis y llevéis fruto, y vuestro fruto permanezca", dice Jesús (Jn 15:16).

4. *Creciendo en el conocimiento de Dios*, sabiendo que, a más conocimiento, más responsabilidad. La vida cristiana es una vida de intimidad con Dios, de cercanía con aquel que nos hizo y nos rescató de la ruina. La intimidad y la cercanía producen la *experiencia de Dios*, la vivencia de su presencia en nuestra vida, de su amor tierno y misericordioso, de su compañía y cercanía en medio de las dificultades y de las pruebas. Quien conoce profundamente a Dios no puede permanecer ajeno a las necesidades de su obra, pues comparte su corazón. La obra de Dios se hace y se lleva a efecto *en su compañía*, con él, y no por cuenta propia.

5. *Fortalecidos y capacitados para soportar, dotados de paciencia y resistencia*, cosa que se obtiene de él y no de ninguna otra fuente,

pues la paciencia es un fruto del Espíritu y es absolutamente necesaria para el ejercicio de cualquier ministerio. "El que lucha como atleta, no es coronado si no lucha legítimamente. El labrador, para participar de los frutos, debe trabajar primero" (2 Tm 2:5-6). Tanto el atleta como el labrador han de hacer uso de la paciencia; el primero, entrenándose convenientemente, "corriendo con paciencia la carrera" que le toca correr y corriéndola de acuerdo con las reglas. El segundo, para recoger el fruto de su siembra ha de labrar la tierra, sembrar la semilla, regar y cuidar de las plantas que brotan, arrancar las malas hierbas y cosechar el fruto, todo lo cual implica trabajar mucho y velar con denuedo. En ambos casos, el tiempo forma parte del proceso, y tiempo quiere decir "espera".

6. *Y con gozo.* El ministerio no es una fuente de amargura y de frustración, sino de gozo, igualmente fruto del Espíritu Santo, un "gozo inefable y glorificado", como nos lo recuerda Pedro (1 P 1:8). Pablo llega a decir, "me gozo en lo que padezco por vosotros" (Col 1:24), lo cual parece paradójico o incluso absurdo, pues lo normal es que el gozo excluya el padecimiento y que el padecimiento excluya el gozo; pero lo que quiere decir es que, aun en medio de aquello que nos hace sufrir en alguna medida, el creyente puede sentir gozo y bendición, porque estas cosas no dependen de las circunstancias que nos rodean, sino del Espíritu Santo que está *en* nosotros y *con* nosotros. Si no disfrutas del ministerio con el gozo del Espíritu, algo no está funcionando. Quien sirve a Dios no puede ser un amargado. Recuerda las palabras de Pablo: "Por amor a Cristo me gozo en las debilidades, en insultos, en necesidades, en persecuciones, en angustias; porque cuando soy débil, entonces soy fuerte" (2 Cor 12:10). ¿Quiere esto decir que Pablo era masoquista, que disfrutaba sufriendo? ¿Le gustaba ser insultado, pasar necesidad, ser perseguido o apedreado, vivir bajo el peso de la angustia? Es evidente que no. Lo que ocurre es que, es en esas circunstancias adversas, que a nadie gustan y en las que no hay disfrute alguno, cuando se manifiestan la gracia y el poder de Dios para proporcionarnos la fortaleza que necesitamos, cualquier creyente se goza viendo a Dios obrar respaldando su vida.

Iniciarse en el ministerio asumiendo responsabilidades no es una decisión que toma el futuro siervo de Dios por sí mismo, como tampoco el pajarillo salta del nido por su propia cuenta, sino que es su propia madre quien lo obliga a saltar, sabiendo que el propio instinto grabado en su cría lo hará volar. Es nuestra responsabilidad, de los ministros ya maduros, hacer "volar" a nuestros "timoteos". Es una responsabilidad grave que tenemos delante de Dios. A nuestro cargo tenemos –ojalá que así sea– los futuros siervos y siervas de Dios. ¿Estamos dispuestos a delegar en ellos funciones ministeriales que los lleven a madurar en el ministerio que Dios tiene para cada uno de ellos, aprendiendo a la vez que hacen? Si no les permitimos avanzar en su desarrollo responderemos delante del Señor por ello. Es cierto que no debemos "imponer las manos –es decir, ordenar o reconocer– con ligereza a ninguno" (1 Tm 5:22), pero tampoco con retraso ni mezquindad, pues podemos desanimar e incluso malograr a algunos bien dispuestos. También podemos perder a buenos colaboradores potenciales si no sabemos descubrirlos y encaminarlos convenientemente al ministerio. Hay otros ahí afuera dispuestos a hacerlo, y como dice el dicho popular, "el que no corre, vuela".

Responsabilidad de los candidatos al ministerio es saber estar sujetos a sus mentores o sus guías en este camino hacia la excelencia y el servicio consagrado, aceptando el proceso de formación y adiestramiento, con sus tiempos y etapas, yendo de lo poco a lo mucho a base de fidelidad y constancia, aprendiendo como lo hizo Pablo, según declara en su carta a los filipenses: "*He aprendido* a contentarme, cualquiera que sea mi situación. *Sé vivir* humildemente y *sé tener* abundancia; *en todo y por todo estoy enseñado*, así para estar saciado como para tener hambre, así para tener abundancia como para padecer necesidad. Todo lo puedo en Cristo que me fortalece" (Flp 4:11-13). Sabemos que Pablo se refiere aquí a la cuestión económica, pero podemos, sin temor a errar, aplicarlo a otras áreas de la vida ministerial, pues, aunque el ministerio lo da Dios, son muchas las cosas que hemos de aprender en cuanto a las circunstancias de la vida para mantener nuestra estabilidad espiritual, emocional y psíquica, así como nuestra integridad física. La conclusión es animadora, pues acaba proclamando ese texto que tanto nos gusta: "Todo lo puedo en Cristo que me fortalece" y que, sin duda, será nuestro apoyo constante en nuestro ministerio.

Nuestra responsabilidad como mentores es saber "echarlos a volar" a tiempo y bajo nuestra cobertura, es decir, en condiciones de seguridad. Es un acto de fe: "Estando persuadido de esto, que el que comenzó en vosotros la buena obra la perfeccionará hasta el día de Jesucristo" (Flp 1:6), escribe Pablo. Quizá tenemos delante de nosotros a un "futuro" y solo vemos en él –o en ella– sus carencias y debilidades que nos frenan; pero, ¿somos acaso capaces de ver lo que Dios está haciendo y va a hacer en y con esa persona? No digo lo que Dios *puede hacer*, sino lo que realmente Dios *va a hacer*. Eso es visión. Evidentemente, siempre que la persona, en su libertad, se lo permita y siempre que no eche a perder el proyecto de Dios para su vida tratando de seguir atajos o variantes de su propia cosecha o de inspiración "ajena".

Hay quienes nunca ven preparados a los demás para asumir responsabilidades. A veces son los propios pastores; otras veces –muchas, quizás– son los otros colaboradores que piensan, "el pastor corre mucho y se adelanta". ¿Se adelantaron Bernabé y Pablo con Juan Marcos? Puede que sí, puede que no. ¿Lo hizo Pablo con Timoteo? Puede que sí y puede que no. Pero el resultado que conocemos nos dice que no. Con todo, Timoteo pasó sus crisis, como las pasa cualquiera de nosotros; pero allí estaba Pablo para animarlo con aquellas contundentes palabras, tan válidas para nosotros hoy: "Por eso te aconsejo que avives el fuego del don de Dios *que está en ti por la imposición de mis manos*, porque no nos ha dado Dios espíritu de cobardía, sino de poder, de amor y de dominio propio. Por tanto, no te avergüences de dar testimonio de nuestro Señor, ni de mí, preso suyo, sino participa de las aflicciones por el evangelio según el poder de Dios" (2 Tm 1:6-8).

Hemos de ser, igualmente, respetuosos con nuestros candidatos. Podemos pedirles, como hacía Pablo con los suyos, que nos imiten. Lo que no podemos ni debemos pedirles es que sean una copia nuestra, porque Dios no es Dios de copias, sino de obras originales. Se imita al principio, como los hijos imitan a los padres –desgraciadamente también suelen hacerlo con sus defectos– porque la imitación es la base del aprendizaje; pero conforme se va alcanzando la madurez cada cual ha de edificar su propia visión y su propia personalidad, su propio perfil ministerial. Les trasmitimos un legado, pero es responsabilidad de ellos saber qué hacer con ese legado y cómo ampliarlo y volverlo a transmitir enriquecido y adaptado a la generación siguiente. David concibió un templo, y acumuló materiales para su construcción, pero quien lo levantó fue su hijo Salomón, la siguiente generación, porque así lo decidió Dios, único soberano.

Todos estos pensamientos nos llevan al capítulo siguiente, en el que hablaremos de riesgos y peligros, que también existen en esta tarea de construir ministerios cristianos.

CAPÍTULO 6

Riesgos y peligros

Toda actividad humana tiene sus riesgos; la misma vida los tiene; desde el mismo momento de nacer ya nos estamos enfrentando a los peligros propios de la vida: enfermedad, necesidad, accidentes, y hasta la misma muerte. Así que, la sagrada y privilegiada actividad de engendrar, construir o edificar ministerios cristianos también tiene los suyos. Cualquier inversión que se hace con esperanza de, más adelante, recibir sus réditos, implica riesgos: la semilla sembrada es una inversión que se hace pensando en la cosecha futura y se enfrenta a las aves que pueden robarla, a la sequía que puede matar las plantas que vayan naciendo, al frío, al granizo, a infinidad de contratiempos posibles, incluidos los furtivos que roban el fruto en cuanto está maduro. Todas estas eventualidades de la vida real son en sí mismas metáforas de lo que puede suceder en el ámbito del ministerio y de la construcción de ministerios futuros. Las inversiones monetarias y financieras, igualmente, están sujetas a los vaivenes del mercado, a las políticas de los gobiernos, al robo y al fraude, a conflictos diversos y a multitud de incertidumbres y aleas fuera de nuestro control. Hay crisis, accidentes, catástrofes, esos llamados "cisnes negros"; unos previsibles y evitables, y otros no. Estamos rodeados de peligros de todo tipo. En 2020 vivimos los efectos en todos los sentidos devastadores de un virus hasta entonces desconocido que alteró las previsiones y los planes de los gobiernos del mundo entero. Las iglesias se encontraron, y siguen hoy, en un escenario absolutamente novedoso en el que nunca antes se habían visto. Entonces, ¿qué permite que la actividad humana siga adelante, a pesar de los peligros, las incertidumbres y los riesgos? La respuesta es la fe; es decir la confianza, el crédito concedido y puesto en instituciones y personas que, de una u otra forma, "garantizan" el buen fin de las actividades humanas.

Mi hijo David es arquitecto técnico y por varios años fue jefe de obras de una gran empresa constructora que desarrollaba un gran proyecto de construcción de viviendas a la entrada de Sevilla. De vez en cuando se le caía algún obrero desde cualquiera de las plantas de aquellas altas torres de diez o más pisos. El trabajo de construcción conlleva sus riesgos y tiene sus peligros; por eso se toman medidas y hay protocolos que cumplir para limitar al máximo que los riesgos se conviertan en accidentes y en consiguientes desgracias. Su obligación como jefe de obras era asegurarse de que todo el mundo cumpliera las normas de seguridad y utilizara las medidas y el material de seguridad correspondiente. Pero, aunque muchas veces los accidentes ocurren porque las empresas no invierten lo suficiente en seguridad, en demasiadas ocasiones la causa es el exceso de confianza del personal o el incumplimiento de las normas, porque muchas de esas medidas son incómodas para el trabajador: el casco da calor, o estar amarrado es un engorro. Llevar la molesta e incómoda mascarilla ha sido un requisito impuesto por la mayoría de los gobiernos para tratar de minimizar los riesgos de contagio. Nuestras costumbres han cambiado. Lo que antes nos llamaba la atención de los países orientales -tan sabios en tantas cosas- hoy nos parece normal, aun después de que las restricciones se hayan suavizado.

En el campo ministerial también existen peligros y riesgos, así como también medidas de seguridad y, por supuesto, incomodidades; por eso Pablo le escribe a Timoteo: "Ten cuidado de ti mismo y de la doctrina; persiste en ello, pues haciendo esto te salvarás a ti mismo y a los que te escuchen" (1 Tm 4:16). ¿No es esta una clara medida de seguridad? Al inicio de esta primera carta también le dice: "Este mandamiento, hijo Timoteo, te encargo, para que, conforme a las profecías que se hicieron antes en cuanto a ti, milites por ellas la buena milicia, manteniendo la fe y buena conciencia. Por desecharla, algunos naufragaron en cuanto a la fe" (vv. 1:18-19).

En la construcción de nuevos ministerios no todo es fácil, cómodo ni seguro. Trabajamos con material humano, personas que tienen criterios e intereses propios; hacen falta recursos, no siempre disponibles, y, desgraciadamente, hay quienes entienden todo esto según los parámetros del mercado, donde existe una oferta y una demanda. A veces, el camino se vuelve muy empinado y hay que superar obstáculos. Los futuros ministros del Señor salen "de entre los hermanos", no son ninguna élite o estirpe espiritual especial, como tampoco lo éramos nosotros. Como Elías, que no era más que "uno de los habitantes de Galaad" (1 R 17:1). Eliseo, su sucesor, no era más que un boyero –jefe, pero boyero– lo que hoy sería un tractorista rural; o Timoteo, no más que "un cierto discípulo" de Listra (Hch 16:1). Todos ellos comparten la más absoluta normalidad. Ninguno era lo que hoy se conoce como un *crack*. La diferencia está en que es el Señor quien los llama. A nosotros nos toca saber descubrirlos y encaminarlos hacia el propósito de Dios para ellos. Y podemos equivocarnos, claro que sí. Nosotros también somos humanos, con criterios e intereses propios, como ellos. Ahí está el riesgo, pero la tarea y su posterior resultado lo merecen. Nuestros pupilos son los que darán continuidad a nuestros ministerios recibidos de Dios, como seguramente nosotros dimos continuidad a quienes nos encauzaron en el mismo sentido. Todos recibimos, desarrollamos y transmitimos. Si no lo hacemos, rompemos la cadena y viene el estancamiento, la decadencia y el cierre. No creo que ninguno de nosotros quiera hacerse responsable de algo así.

Pablo cita en su primera carta a Timoteo el nombre de un tal Himeneo al que califica de "náufrago en la fe". En la segunda carta lo vuelve a mencionar especificando que "se desvió de la verdad" promoviendo una doctrina errónea sobre la resurrección. Lo empareja con un tal Alejandro, del que, si es el mismo de su segunda carta, como es lo más probable, dice: "me ha causado muchos males; el Señor le pague conforme a sus hechos. Guárdate tú también de él, pues en gran manera se ha opuesto a nuestras palabras. (2 Tm 4:14-15). Todos sabemos, seguramente por experiencia propia a lo largo de nuestra carrera ministerial, que hay colaboradores que se vuelven en contra y se convierten en piedra de tropiezo para otros. Crean situaciones tristes y dolorosas y, en ocasiones, muy dañinas para la obra del Señor. Constituyen un peligro real, siendo esto un riesgo que corremos cuando animamos a alguien a formar parte de nuestro equipo de trabajo, pues compartiremos con ellos toda nuestra confianza, nuestra visión, nuestros esfuerzos de todo tipo, les brindamos nuestra amistad y, andando el tiempo, podemos vernos traicionados en esa confianza y en nuestras expectativas que habíamos depositado sobre ellos. Pero es un riesgo que merece la pena correr, pues muchos más serán los que irán adelante con la ayuda de Dios y multiplicarán los frutos de nuestro trabajo, continuando con la visión, enriqueciéndola y ampliándola, y llegando a metas más lejanas y elevadas. Nunca, los desengaños y las decepciones sufridas a lo largo de mi vida y ministerio me llevarán a arriesgar menos en la búsqueda de nuevos "diamantes" para el servicio del Señor y de su obra.

Asumimos riesgos, pero no de manera aleatoria ni de modo imprudente. Lo hacemos siendo conscientes de lo que hacemos, confiando en el Señor que es quien obra en todo y en todos y también quien nos dirige. La siembra, la inversión, como hemos dicho, es una obra de fe, como lo es el ministerio. ¿Pueden fallar las cosas? Sí, todo puede fallar, pero Dios no falla. Él es nuestra garantía.

Cuando comencé a escribir mi primera versión de este libro, hace ya algún tiempo, acababa de desplomarse una imponente estructura logística sobre la mismísima ciudad de Génova, en Italia. Un puente inmenso que daba entrada a todo el tráfico de entrada a esta importante ciudad portuaria italiana. Yo mismo pasé por allí varias veces cuando, como director del Seminario Europeo de Teología Superior, fundado por el misionero y buen amigo Norman Lestarjette, daba un curso en esa ciudad. Fue un trágico desastre que no se produjo por un casual terremoto o un tsunami de grandes dimensiones. Con toda probabilidad, aquella colosal obra humana, diseñada para perdurar, por la que pasaban diariamente miles de personas y toneladas de mercancías valiosas, se desplomó por *falta de mantenimiento*. Las alarmas habían sonado insistentemente por doquier; las grietas y diferentes indicios anunciaban ruina, pero las señales no fueron atendidas convenientemente y sobrevino la catástrofe. El anuncio se cumplió. Los muertos se contaron por decenas, más los heridos y los daños materiales. Todo un desastre traumático para la ciudad de Génova y para toda la nación italiana.

Este trágico suceso ilustra, salvando las características y sus proporciones, lo que ocurre en determinadas vidas de colaboradores y ministerios cristianos: la falta de cuidado y mantenimiento espiritual, las grietas que anuncian ruina, el deterioro de la vida de comunión con Dios y con los demás creyentes, y multitud de causas diversas que en determinado momento hacen que uno se desplome o se hunda. Pablo habla, como hemos visto de "naufragio en la fe". Podemos emplear diversas metáforas, pero el resultado es el mismo. En el caso de Alejandro y de Himeneo se habla del abandono de "la buena conciencia" que los tales desecharon, no sabemos por qué causa o en qué términos. Lo cierto es que estas cosas no suelen ocurrir de la noche a la mañana, sino que siguen un proceso lento de deterioro propiciado por el descuido y la desidia, la falsa sensación de seguridad, etc.

De manera general, podemos afirmar que la causa principal del fracaso en el ministerio, hablando en términos de pecado, es el orgullo, la soberbia, causa de todo otro pecado. El orgullo empieza a verse pronto, como si fueran grietas en una estructura, por determinadas actitudes en quienes están en fase de desarrollo, y haremos bien en tratar esas grietas a tiempo y eficazmente, antes de que aumenten su tamaño y contaminen todo el edificio que estamos construyendo en la vida de otra persona. La mejor manera de arruinar un ministerio prometedor es permitir que el orgullo nazca y se desarrolle en nosotros. Comienza de forma sutil, por lo que no hay que ser indulgente con él. En cuanto que veamos algún detalle en nuestra vida hemos de eliminarlo sin contemplaciones. Ese orgullo nos lleva al resentimiento, porque no se nos trata bien, según pensamos, porque uno cree que se cometen injusticias con nosotros, etc., viene la amargura que echa sus raíces y, pasando el tiempo, da su fruto que bloquea e impide la obra de Dios y perjudica a muchos a nuestro alrededor, además de arruinar nuestra propia vida.

Hemos de precavernos contra nosotros mismos, tal como expresa David: "Me he guardado de mi maldad" (Sal 18:23). Esto es tener cuidado de nosotros mismos, tal como le aconseja Pablo a Timoteo; pero también hemos de contar con que el Espíritu Santo nos guarde del mal. También David nos sirve de ejemplo en esto, pues él ora a Dios diciendo: "¿Quién puede discernir sus propios errores? Líbrame de los que me son ocultos. Preserva también a tu siervo de *las soberbias*, que no se enseñoreen de mí. Entonces seré íntegro y estaré libre de gran rebelión" (Sal 19:12-13). Es cierto que, a veces, es difícil discernir las propias faltas, o ver esas grietas en nuestra vida que dan testimonio del peligro existente y que, de ser percibidas por nosotros mismos, podrían llevarnos a buscar solución a esos problemas estructurales que van apareciendo en nuestra vida y ministerio. David le pide a Dios que lo haga libre de esos errores, porque poco a poco van minando la vida. Pero el gran peligro, fruto de haber permitido previamente esos errores ocultos, son "las soberbias", citadas aquí en plural, pues revisten diversas formas y se manifiestan de muchos modos. Son ellas las que nos llevarán a "la gran rebelión", el fracaso total, nuestro naufragio espiritual y ministerial.

Además, siempre habrá en nuestra cercanía, alguien "más sabio" que nuestro mentor o nuestro guía, de quien realmente nos está llevando adelante hacia un ministerio fructífero y bendecido, para alimentar esas soberbias y ofrecer otras perspectivas más "prometedoras". Hay quienes lo harán bienintencionadamente –quiero suponer– pero otros estarán inspirados por algún interés personal o particular, que vendrán a dejarte sentir que no avanzas lo suficiente, que no creces, que se te bloquea y no se te da oportunidad, que no estás en el lugar adecuado, que te mereces mucho más, etc., o que querrán introducir en tu corazón doctrinas erróneas o te enseñarán la famosa "zanahoria" para tirar de ti, como se hace con el burro, para apartarte de la senda derecha que te lleva a buen término. Te ofrecerán atajos, una vía rápida hacia el glorioso ministerio, cantos de sirena que te harán embarrancar casi con toda seguridad.

¡Cuidado con las ofertas baratas! ¡Atención a los atajos! El ministerio se basa en la sumisión a la voluntad de Dios; cualquier otra directiva nos alejará de él. Antes, en España se solía decir, "nadie da duros a peseta" (el duro valía cinco pesetas); ahora con el euro se ha perdido el significativo proverbio, pero sigue siendo verdad: las cosas valen lo que valen y es imposible alcanzarlas por menos, si no hay fraude escondido por medio.

Pablo, recomendando a Timoteo a los filipenses, escribe de él:

"Espero en el Señor Jesús enviaros pronto a Timoteo [...] porque no tengo a ningún otro que comparta mis sentimientos y que tan sinceramente se interese por vosotros, pues *todos buscan sus propios intereses* y no los de Cristo Jesús. Pero ya conocéis los méritos de él, que como hijo a padre ha servido conmigo en el evangelio" (Flp 2:19-22).

Intereses, la gran palabra que mueve el mundo entero y que, desgraciadamente, también está presente en nuestro mundo eclesiástico. Son demasiados, según este mismo texto, los que solo persiguen los suyos, y no los que tienen que ver con Cristo Jesús.

Intereses y soberbias son una mezcla explosiva capaz de demoler cualquier ministerio por grande que este sea o que pueda ser en el futuro. Viene bien, pues, trabajar atentos para que nunca el diablo coloque una carga destructiva en nuestros propios cimientos, volando por los aires nuestro futuro. Conozco casos reales. Yo no quiero ser uno de esos casos ni que lo seas tú, estimado lector.

"Nada hagáis por *rivalidad* o por *vanidad*; antes bien, con humildad, estimando cada uno a los demás como superiores a él mismo. No busquéis vuestro *propio provecho*, sino el de los demás" (Flp 2:3-4). Rivalidad, vanidad, provecho propio, son semillas de ruina para nuestros ministerios. Humildad e interés por los demás lo son del éxito. Si hiciéramos caso de estas palabras de Pablo a los filipenses, estaríamos asegurando una vida cristiana y un ministerio provechoso y fructífero, gozando de la bendición y el respaldo divinos.

CAPÍTULO 7

Supervisar, aconsejar, acompañar

Hemos reconocido los peligros que hay frente a nosotros, asumido riesgos racionales depositando nuestra confianza sobre personas y delegando responsabilidades sobre ellos; los hemos echado a "volar" por sí mismos. ¿Qué corresponde ahora? ¿Los mantenemos "amarrados" dependiendo de nosotros en una permanente inmadurez espiritual y ministerial? Llega el momento de pasar a la siguiente fase de este largo proceso que es la construcción de un ministerio, y esa fase está sazonada con estos tres elementos básicos: supervisar, aconsejar y acompañar. Seguramente se les podrán añadir otros, pero bástenos fijarnos en estos tres.

Supervisar
En el Nuevo Testamento, a los pastores de las iglesias se les llama *supervisores* (en griego, *episkopos*, como todo el mundo sabe). Esa es, entre otras, una función específica y fundamental de quien pastorea una iglesia. Son muchas las áreas de atención por las que velar, comenzando por uno mismo, la doctrina, la oración, el bienestar integral de las almas, las funciones delegadas, el desarrollo de los creyentes y de los futuros ministros, administración, planes de expansión y crecimiento, evangelización, misiones, instalaciones, etc.

En relación con las personas a quienes estamos guiando hacia un ministerio fructífero, es importante que comprendamos algunas cosas básicas: supervisar tiene que ver con *la vista*, no con *las manos*. Quiere esto decir que es una labor a cierta distancia, para que el enfoque sea correcto. No es *man*ejar, ni mucho menos *mani*pular ni *mani*atar, a quien o quienes son nuestros supervisados. La vista nos permite observar, ver por dónde van las cosas, cómo se desenvuelven las personas o los asuntos supervisados y, por tanto, aconsejar, sugerir, guiar, sabiendo que las personas gozan de libertad y, por consiguiente, también de capacidad de elección y responsabilidad, pues han de saber dar cuenta de la autoridad que se les ha delegado y de los objetivos que se les han asignado. Las manos bloquean, manejan, manipulan, ejercen presión y, por tanto, coartan la libertad.

Hemos mencionado anteriormente que, cuando Pablo escribe a Tito, le recuerda sus obligaciones: "*Por esta causa* te dejé en Creta, *para que* corrigieras lo deficiente y establecieras ancianos en cada ciudad, así como yo te mandé" (Tt 1:5). A continuación, también le recuerda los requisitos que han de cumplir tales ancianos −los dirigentes de las iglesias, llamados presbíteros− y también la otra parte del encargo, que era mantener la pureza doctrinal, porque, como le explica, "Hay aún muchos obstinados, habladores de vanidades y engañadores, mayormente los de la circuncisión. A esos es preciso tapar la boca" (1:10-11). ¿Qué está haciendo Pablo? Está ejerciendo sus funciones de supervisor de un ministro más joven, cuyo ministerio estaba directamente relacionado con el de Pablo.

Si, una vez que animamos a otros a ir adelante en el ministerio, no vamos soltando poco a poco las amarras, confiando en ellos y en el Espíritu Santo, y queremos seguir controlándolo todo y manejándolos en todo sin darles el debido margen de maniobra y de confianza, no lograremos nunca el fin y propósito de nuestro trabajo, que es construir un ministerio cristiano poderoso, autónomo y maduro. Crearemos, por un lado, un espíritu de dependencia, de sumisión pasiva, de inmadurez y, por otro lado, la posibilidad de que un día la persona controlada, cuyas alas cortamos, decida romper ese vínculo enfermizo que lo ata a nosotros para poder así respirar y volar por su cuenta y riesgo, sin ataduras ni dependencias patológicas, con el consiguiente conflicto y dolor por ambas partes.

La función de los padres con los hijos no es mantenerlos atados indefinidamente, hasta la muerte del *pater familias*, sino conducirlos –educarlos– hasta llegar a la madurez. Hay quienes creen que los hijos deben estar sujetos a los padres en obediencia total y absoluta hasta que se casan; no creen en la mayoría de edad. Tal manera de pensar es una anomalía. En la iglesia puede suceder de la misma manera.

La función supervisora no consiste en que la persona se sienta "vigilada" para impedir que haga lo que no debe, como si hubiera un gran ojo escrutador por encima, atento a todos sus fallos y dispuesto a dar la alarma a la primera de cambio. La supervisión eficiente y respetuosa con la intimidad personal es una ayuda de valor inestimable para quienes están desarrollando sus capacidades ministeriales, no un control de la vida de la persona. Las manos nos han de servir, no para manejar, condicionar o bloquear, sino para ser tendidas en el momento de necesidad y ayudar cuando la persona supervisada tropiece o se equivoque, porque el error forma parte de todo proceso formativo. Todo el mundo tiene derecho a equivocarse y tener la oportunidad de rectificar y corregir sus errores. De los errores se aprende, a veces más que de los aciertos, y muchas veces de forma definitiva.

Cuando se delegan responsabilidades o funciones, hay que supervisar y pedir cuentas. Como alguien ha dicho, "delegar no es abdicar". Se marcan objetivos y metas; se trazan estrategias y se fijan tiempos, recursos, métodos y procedimientos, y se va trabajando, manteniendo un seguimiento sobre los problemas y obstáculos que van surgiendo mientras se hace camino, se aportan soluciones y se van alcanzando los objetivos propuestos. No hacerlo significa dejarlo todo al azar y eso significa que puede pasar cualquier cosa y que nos podemos ver desagradablemente sorprendidos.

Hay un momento en el que Pablo tiene que animar a su ahijado Timoteo, que en ese momento parecía estar muy decaído:

> Te aconsejo que avives el fuego del don de Dios que está en ti [...] no te avergüences de dar testimonio de nuestro Señor, ni de mí [...] participa de las aflicciones por el evangelio según el poder de Dios. [...] Retén la forma de las sanas palabras que de mí oíste, en la fe y amor que es en Cristo Jesús. Guarda el buen depósito por el Espíritu Santo que mora en nosotros. [...]

esfuérzate en la gracia que es en Cristo Jesús..." (2 Tm 1:6, 8, 13-14; 2:1).

Son palabras de ánimo –exhortaciones– para que Timoteo se recupere de su postración y prosiga firme y animoso con su ministerio, cumpliendo con las responsabilidades propias de un pastor. Toda la carta se desarrolla siguiendo esta tónica.

Aconsejar

Aunque la mayoría de las personas adultas creen ser capaces de aconsejar a otros, esta es una labor difícil; es, en buena medida, un arte. No basta hacer un curso acelerado de consejería para ser consejero o para estar capacitado para dar el consejo adecuado en cada caso y situación. Seguramente, en un curso así se aprenderán muchas cosas interesantes y útiles, pero nada sustituye a la experiencia. Aconsejar es un ejercicio de sabiduría. Dice el proverbio, "La palabra a su tiempo, ¡cuán buena es!" (Prov 15:23), o también, "Manzana de oro con figuras de plata es la palabra dicha como conviene. (Prov 25:11). Nadie duda en los beneficios de recibir consejo, pero ha de ser consejo oportuno y conveniente, que no todo el mundo está capacitado para poderlo proporcionar. Además, como consejeros, si hemos de ser honestos, no siempre tendremos una solución precisa para los problemas que se nos plantean por quienes buscan el consejo pastoral. Es mejor decir, *"No sé qué decirte. ¡Oremos!"*, que aportar una solución humana o una ocurrencia procedente de nuestro propio corazón y no de Dios. Lo que sí podemos y debemos hacer es guiar a las personas a buscar soluciones haciéndoles ver las circunstancias de manera más objetiva, puesto que, en la mayoría de las situaciones, la persona en problemas pierde la objetividad y la perspectiva con mucha facilidad, agobiándose y perdiendo la capacidad de ver más allá y con el enfoque correcto. Después podremos analizar conjuntamente distintas opciones posibles, dejando que sea siempre la propia persona quien decida por cual de ellas se inclina. No cabe duda que, para el creyente en Jesucristo, un *must*[7], si se puede hablar así, es buscar al Señor en oración. Su consejo y la guía

---

[7] Palabra inglesa de uso un poco *snob* en determinados medios para referirse a algo necesario. La uso a conciencia.

del Espíritu Santo son imprescindibles a la hora de buscar respuesta a nuestros problemas cotidianos.

Roboam, una vez establecido en el reino como sucesor de Salomón, desechó el consejo de los mayores y aceptó el de los más jóvenes —sus colegas— arruinando así la herencia de su padre, pues el reino unificado se rompió en dos para siempre. Un mal consejo puede tener consecuencias irreversibles. ¿Quieres asumir ese riesgo?

¿Cuál es, pues, nuestra labor como mentores, como "padres" espirituales, además de supervisar? Aconsejar, sin duda, basándonos en nuestro mayor conocimiento que nos ha proporcionado el tiempo y la experiencia, y la sabiduría que también nos ha sido dada a lo largo de nuestro caminar bajo la dirección del Espíritu Santo. Nuestros errores y nuestros aciertos nos proporcionan un bagaje muy útil para quienes nos siguen y que aún no han cometido los primeros ni tenido la oportunidad de producir los segundos.

Un caso típico de consejo oportuno y sabio es el que Jetro dio a su yerno, Moisés, cuando este dirigía a Israel en su peregrinación por el desierto. No es un consejo que surgiera arbitrariamente, de un impulso de superioridad o paternalismo, sino como fruto de la observación y de la sincera preocupación por el bienestar de su yerno y de su familia a la luz de su propia experiencia. Nos dice el texto de Éxodo 18:14 que el suegro de Moisés "vio" con perplejidad cómo este se desempeñaba como caudillo de los israelitas. No podía entender que una persona como Moisés, instruido en la corte de faraón, cometiera un error tan básico como cargar él solo con la tarea de gobernar y juzgar al pueblo: ¡un solo hombre soportando la carga de todo un pueblo!

Jetro comienza preguntando, para informarse primero antes de emitir un juicio (buena regla de consejería: oír, preguntar, averiguar, discernir, antes de decir nada). "¿*Qué* es esto que haces tú con el pueblo? ¿*Por qué* te sientas tú solo, mientras todo el pueblo permanece delante de ti desde la mañana hasta la tarde?". Cuando obtiene la información necesaria por parte de Moisés, le hace ver el error y sus consecuencias: "No está bien lo que haces. Desfallecerás del todo, tú y también este pueblo que está contigo, porque el trabajo es demasiado pesado para ti y no podrás hacerlo tú solo" (vv. 17-18). No lo hace en forma de reproche (mal instrumento a la hora de aconsejar), sino como un diagnóstico certero, como diciéndole "esa no es la vía"; y le hace ver el resultado que indefectiblemente se seguirá de su estilo de liderazgo: el desfallecimiento propio y, en consecuencia, el del pueblo. ¿Cuántos pastores y líderes no acaban quemados, destruidos por el agotamiento físico, emocional e, incluso, espiritual, ocasionando a su vez daños en aquellos a quienes sirven? El ministerio no es una labor unipersonal, sino una obra que se lleva a cabo en *co*-operación, *co*-laborando con otros (la partícula *co*, lleva el contenido semántico de "junto a otros", añadido al verbo o sustantivo que sigue). El diagnóstico del suegro de Moisés es tajante: "el trabajo es demasiado pesado para ti y no podrás hacerlo tú solo". A continuación, tras el análisis de situación, viene el consejo (me permito secuenciar el contenido del texto para su mejor comprensión):

> Oye ahora mi voz: yo te aconsejaré y Dios estará contigo:
> 1. Preséntate tú por el pueblo delante de Dios, y somete tú los asuntos a Dios.
> 2. Enséñales los preceptos y las leyes, muéstrales el camino por donde deben andar y lo que han de hacer.
> 3. Además, escoge tú de entre todo el pueblo a hombres virtuosos, temerosos de Dios, hombres veraces, que aborrezcan la avaricia, y ponlos sobre el pueblo como jefes de mil, de cien, de cincuenta y de diez. Ellos juzgarán al pueblo en todo tiempo; todo asunto grave lo traerán a ti, y ellos juzgarán todo asunto pequeño.
> Así se aliviará tu carga, pues *ellos la llevarán contigo*. Si esto haces, y Dios te lo manda, tú podrás sostenerte, y también todo este pueblo irá en paz a su lugar (Éx 18:19-23).

Este consejo es una expresión extraordinaria de sabiduría acerca de la dirección de grupos humanos. No es una imposición (aconsejar no es imponer), sino una vía abierta frente a aquel que está en un serio aprieto, con perspectivas de ruina a corto plazo. La expresión "si esto haces y Dios te lo manda" es suficientemente clara e indiciaria de lo que estoy diciendo. La decisión pertenece a Moisés, quien además está sometido a la voluntad de Dios, su jefe supremo ante quien debe responder. Es muy importante resaltar el carácter moral y espiritual de las personas que habrían de ser seleccionadas para ser los *co*-laboradores de Moisés: "hombres virtuosos, temerosos de Dios, hombres veraces, que aborrezcan la avaricia", que explicita lo que nosotros también hemos de buscar en quienes van a iniciarse en el ministerio. Todo esto requiere que seamos capaces de crear estructuras básicas que sostengan el crecimiento de la obra y que faciliten su buen funcionamiento, por eso se habla de crear grupos "de mil, de cien, de cincuenta y de diez", todos dependientes los unos de los otros, engarzados entre sí, como las mismas piezas del tabernáculo, materialización del templo de Dios, es decir, del lugar donde "residía" y se revelaba a su pueblo. Ese templo ahora somos nosotros, tanto cada creyente como individuo como la iglesia en forma corporativa.

La respuesta de Moisés fue clara: *"Oyó* Moisés la voz de su suegro, e *hizo* todo lo que él le dijo. Escogió Moisés hombres de virtud de entre todo Israel, y los puso sobre el pueblo como jefes…" (vv. 24-25). Puso en práctica el consejo, pero fue *su* decisión. No fue un acto de obediencia, porque su suegro no ejercía ninguna autoridad sobre él, sino un acto autónomo de sabiduría: hacer caso a un consejo sabio que venía de un hombre experimentado, un rico ganadero que sabía lo que era bregar con equipos humanos, hijas, pastores, mayorales, (¡incluso yernos!) etc., toda una labor complicada y difícil, pero que debe hacerse si se quiere prosperar y no decaer.

Normalmente, el consejo se pide, no se impone; pero en determinadas circunstancias, cuando existe una relación cercana de confianza, como era el caso de Moisés y su suegro, el aprecio y el amor pueden y deben llevarnos a intentar ayudar a quien lo necesita, partiendo de lo evidente, con el consejo adecuado. Los hijos crecen, se independizan, se casan y forman sus propias familias. Los padres –padre y madre, por supuesto, y esto incluye a los suegros– ante determinadas situaciones, podemos aportar el conocimiento que nos dan los años de experiencia. Puede que, por pertenecer a otra generación, las cosas no se vean igual, pero algunas de ellas llevan una trayectoria que los más mayores ya sabemos dónde acaba. A veces, andando el tiempo, alguno nos dice: "¿Por qué no me dijiste?", o "¿por qué no me avisaste?". En muchas ocasiones el consejo es inútil, porque no va a ser recibido (especialmente en asuntos de sentimientos). Solo la propia experiencia traerá la sabiduría; como dice el dicho popular, "nadie escarmienta en cabeza ajena". Hay quien, siendo joven e inexperto, dice: "¡No quiero que nadie me diga nada! ¡Ya aprenderé por mí mismo!". Esta actitud indica un poquito de orgullo –o quizá un mucho– y anuncia multitud de tropezones, heridas y, claro, cicatrices. Normalmente se acaba aprendiendo, pero con algún que otro chichón, siendo benévolos en el análisis.

¿Por qué el consejo es necesario y útil? No es difícil la respuesta: porque no lo sabemos todo, mucho menos cuando estamos empezando, y porque el contraste de ideas siempre es enriquecedor. Haciendo un recorrido por el libro de Proverbios encontramos las siguientes declaraciones:

> El hijo sabio recibe el consejo del padre, pero el insolente no escucha las represiones (Prov 13:1).
> Los pensamientos se frustran donde falta el consejo, pero se afirman con los muchos consejeros (Prov 15:22).
> Escucha el consejo y acepta la corrección: así serás sabio en tu vejez (Prov 19:20).
> Porque con ingenio harás la guerra, y en los muchos consejeros está la victoria (Prov 24:6).
> Los pensamientos se ordenan con el consejo, y con dirección sabia se hace la guerra (Prov 20:18).
> Los aceites y perfumes alegran el corazón, y el cordial consejo del amigo, al hombre (Prov 27:9).

Recordemos que el libro de Proverbios no es un libro de carácter preceptivo sino sapiencial, cuyo propósito, según declara el propio autor al principio de su exposición es "...para aprender sabiduría y doctrina, para conocer razones prudentes, para adquirir instrucción y prudencia, justicia, juicio y equidad; para dar sagacidad a los ingenuos, y a los jóvenes inteligencia y cordura. El sabio los escucha y aumenta su saber, y el inteligente adquiere capacidad" (Prov 1:2-5).

Estos textos hablan de "pensamientos", o ideas, si queremos; y es que la vida del ser humano se rige por lo que su cerebro y su corazón entienden, desean y deciden. Cuando uno es joven, lo normal es que la mente y el corazón alberguen multitud de anhelos y proyectos, todos ellos hermosos, extraordinarios y maravillosos. Llevarlos a efecto es el propósito de cada cual y el desafío que nos presenta la vida, pero no siempre llegar a conseguirlos se hará realidad. La vida también está llena de obstáculos, de imprevistos, de frustraciones. Por eso, ordenarlos primero forma parte de una buena planificación, porque no se logran objetivos por casualidad, sino previa planificación, sabiendo bien lo que se quiere, trazando una buena estrategia, marcando vías, plazos y proveyendo medios y recursos para llegar a la meta. En nuestro caso, es fundamental que nuestros anhelos coincidan con los planes de Dios, es decir, con su voluntad, que consiste en "lo que él desea", por encima de lo que deseamos nosotros. No olvidemos el consejo del apóstol Pablo: "No seáis insensatos, sino entendidos de cuál sea la voluntad del Señor" (Ef 5:17). Ignorar u obviar la voluntad del Señor es una insensatez manifiesta en aquellos que desean servirle con éxito. Los consejos sabios de quienes están capacitados y legitimados para darlos nos ayudan, pues, a ordenar nuestras ilusiones y nuestros proyectos de modo que los veamos en su adecuada perspectiva, discerniendo lo posible y real de lo ficticio o utópico y alineándolos con la voluntad de Dios para nosotros. Tenerlos en cuenta puede ser primordial para alcanzar la victoria en ellos, lo que redunda en "alegría" y satisfacción a lo largo de la vida. Pero recordemos, no se trata de que Dios bendiga y apoye *nuestros* proyectos, sino que nosotros aceptemos *los suyos* y trabajemos por cumplir su propósito.

Es cierto que cuando se nos da un consejo, puesto que no es una imposición, no estamos obligados a seguir sus indicaciones, pero considerar la posibilidad de hacerlo es una muestra de prudencia y de sabiduría. Sabemos que no todos los consejos que se nos puedan dar serán oportunos y que algunos pueden, incluso, ser negativos. Pero ahí está el discernimiento, que nos es necesario, y la necesidad de contrastar esos consejos para garantizarnos su calidad. Ahora bien, hemos de ser sinceros con nosotros mismos: si buscamos el consejo, no se trata de ir haciendo un recorrido pidiendo opinión aquí y allá hasta que alguien nos diga lo que queremos oír, es decir, aquello que suena bien a nuestros oídos y que coincide con nuestra decisión ya tomada. Si buscamos consejo es para tomarlo en consideración y sopesar lo que se nos diga. Una segunda opinión, o incluso una tercera, puede venir bien, pero no podemos recorrer el mundo hasta que alguien nos diga lo que esperamos y deseamos. Eso sería necia obstinación, y la obstinación conduce a la ruina.

¿Qué elementos pueden ayudarnos a la hora de valorar un consejo que se nos da? La procedencia del consejo es fundamental: quién lo da y qué relación tiene con nosotros; si discernimos algún tipo de interés personal o motivación extraña, si la persona nos conoce bien y conoce también el contexto y las circunstancias, su experiencia y formación teológica, humana y espiritual, etc. Son muchos los elementos a tener en cuenta. Hebreos dice, hablando de nuestros pastores que son o han sido nuestros consejeros naturales, "considerad cuál haya sido el resultado de su conducta e imitad su fe (Hb 13:7). Su propia trayectoria personal es el mayor respaldo para un consejero eficaz. A ellos hemos de recurrir en busca de ayuda y no a cualquiera.

Lo que también ocurre es que sabemos que su consejo será certero y directo, lo que no siempre nos gusta, por lo que a veces rehuimos su consejo, como Acab, en su entente con Josafat, que se resistía a escuchar al profeta Micaías, del que decía, "lo aborrezco, porque nunca me profetiza el bien, sino solamente el mal" (1 R 22:8). Sobraban entre los profetas –los que eran meros profesionales– quienes proclamaban lo que el rey quería oír, palabras agradables a su oído y que exaltaban su propio ego, ajenos a la realidad. Llamado Micaías, es advertido de que todos los otros profetas han hablado al rey con palabras lisonjeras, anunciando una victoria que no se iba a producir pero que halagaba al rey, ante lo que el profeta de Dios responde: "¡Vive Jehová, que lo que Jehová me hable, eso diré!" (1 R 22:14). Al principio, el profeta se suma al resto de los profetas, confirmando lo que ellos habían dicho, pero de forma que evidencia que sus palabras son fingidas. Ante la insistencia del rey para que diga la verdad, pronuncia su sentencia: "He visto a todo Israel disperso por los montes como ovejas sin pastor" (v. 17), ante lo cual, Acab exclama: "¿No te había yo dicho que no me profetizaría bien, sino mal?" (v. 18). La historia acaba en tragedia, pues la palabra de Micaías se cumplió al pie de la letra para vergüenza de los falsos profetas que anunciaron al rey lo que él quería oír. La palabra que viene de Dios se cumple siempre; la que sale del corazón de los hombres, es humana y, por tanto, falible.

Hablando, pues, de *quién* o *quiénes*, entran en juego, como hemos visto, las profecías y las palabras que se nos dan o se nos pueden dar a lo largo de nuestra vida espiritual y ministerial de parte de supuestos profetas o de aquellos que realmente tienen un ministerio de ese tipo de parte de Dios.

El don de *profecía*, junto con los de *palabra de ciencia* y *palabra de sabiduría*, están vigentes hoy como dones del Espíritu; no han cesado de estar activos en la iglesia de Jesucristo, no siendo propiedad o patrimonio del movimiento pentecostal, al que pertenezco, aunque es con el inicio de este movimiento y el más tardío movimiento carismático que mayoritariamente se recuperan para ser ejercidos en las iglesias, como bien dice la Palabra, "para edificación, exhortación y consolación" (1 Cor 14:3). Tampoco son propiedad de ningún particular, pues los creyentes somos *vasos comunicantes* a través de los cuales *fluyen* los carismas divinos, y no cofres o cisternas que los contienen. Pero tales dones han de fluir, de ser ejercidos, "decentemente y con orden", tal como enseña y recomienda Pablo a los creyentes de Corinto (1 Cor 14:40), donde *lo decente* tiene que ver con lo honorable, adecuado, respetable, etc., y *el orden* con la forma y el estilo dentro de una posición adecuada y correcta. Cuando una persona que Dios quiere usar se deja llevar por la extravagancia, el exhibicionismo o la histeria, está atentando contra la decencia. Además, los dones espirituales no pueden ejercerse en forma ajena a la ética cristiana, sino que deben respetar los ámbitos de autoridad existentes en la iglesia y las buenas formas del decoro y el orden. En primer lugar, se ejercen *en la iglesia*, en la congregación, que es donde pueden ser discernidos y juzgados, porque "los demás", es decir, el resto de los creyentes, incluido la persona a quien va dirigida "la palabra", es decir, la iglesia toda, tenemos el derecho y la obligación de "juzgar" si lo que se nos dice o se hace viene de Dios o no. Recibir una palabra de este tipo y darla automáticamente por buena, sin someterla a examen, es una insensatez. Mayor insensatez aún es actuar inmediatamente sobre esa palabra, tomando decisiones sin reflexión, sin contraste con otras opiniones, especialmente las de quienes tienen a su cargo nuestro cuidado, sin "probar si los espíritus son de Dios", como nos dice Juan en su primera carta[8]. Hoy en día, cuando hay tantos ejerciendo indiscriminadamente –e impunemente– de profetas o profetisas, se hace necesario ser muy cuidadosos a la hora de recibir este tipo de "consejos" o "palabras", que pueden ser bien intencionados, pero a la misma vez, torpes. Cuidado con el "Dios me ha dicho que te diga…", expresión que, las más de las veces, esconde o sirve de coartada o salvoconducto para una intromisión de alguien en tu propia vida. Dios tiene vías certeras de expresión

---

[8] 1 Jn 4:1-6.

y de comunicación con sus hijos, comenzando por su palabra escrita, continuando con los consejeros legítimos que ha puesto a nuestro lado y con el propio Espíritu Santo que es nuestro abogado y nuestro guía. Tan solo hace falta saber prestar oídos a estas voces autorizadas y la humildad y espíritu de obediencia para seguir sus indicaciones, que suelen ser bastante claras. Con todo, el Espíritu usa a hombres y mujeres para transmitir mensajes provechosos, que edifican, y como dice Pablo, no debemos menospreciar las profecías, pero sí analizarlas –juzgarlas, contrastarlas– y esperar a que el Señor las confirme y las cumpla. Si alguien te da una palabra de este tipo, es importante alinear las referencias:

1. ¿Cuál es tu sentir?
2. ¿Qué dice la palabra de Dios? ¿La contradice en alguna manera?
3. ¿Qué te aconsejan quienes pueden aconsejarte con objetividad y sabiduría?

Dios habló al pueblo israelita sobre "el profeta que tenga la presunción de pronunciar en mi nombre una palabra que yo no le haya mandado pronunciar [...] Tal vez digas en tu corazón: «¿Cómo conoceremos que esta no es palabra de Jehová?». Si el profeta habla en nombre de Jehová, y no se cumple ni acontece lo que dijo, esa palabra no es de Jehová. Por presunción habló el tal profeta; no tengas temor de él" (Dt 18:20-22). Si se pasa revista a muchas de las supuestas profecías o supuestas revelaciones de los autoproclamados profetas actuales, descubriremos cuantas de ellas eran de origen humano y no divino, por tanto, falsas. Tal hecho debería llevarnos a reflexionar y a algunos a dimitir, por vergüenza y dignidad. Hay palabras que vienen de Dios, pero tardan en cumplirse; por eso hay que saber esperar con paciencia y sin ponerse nerviosos. Quien ha de cumplir la palabra es Dios, no nosotros, porque forzar las cosas y hacer nosotros que sucedan por nuestra cuenta es arriesgado y, en muchas ocasiones, echa a perder lo que Dios había previsto hacer, porque él sabe bien cómo y cuándo llevar a efecto sus planes para con nosotros. Es cierto que, como se dice, los líderes hacen que las cosas sucedan, no van a rastras de ellas; pero los líderes cristianos hacen que las cosas sucedan siguiendo las indicaciones del Espíritu Santo y no sus propios impulsos e intereses. Tampoco van a rastras de los acontecimientos, dejándose ser vencidos por ellos, sino que actúan antes bajo la dirección divina. Es una gran ventaja contar con el Espíritu de Dios en todo cuanto hacemos.

Hemos de aconsejar como lo hace un padre, partiendo de la experiencia y la sabiduría que nos ha dado la vida; y hemos de hacerlo, no con una actitud impositiva, sino con amor y haciendo uso de la autoridad espiritual, una autoridad que nace del Espíritu y no de la influencia humana o la presión y el predominio. Pablo escribe a los corintios y les explica que lo hace con "la autoridad que el Señor me ha dado para edificación, y no para destrucción" (2 Cor 13:10), una autoridad moral, espiritual, constructiva, destinada a ayudar y edificar y no a dañar a los creyentes haciéndoles sentir culpables y condenados. Es cierto que, en determinados momentos de su carta, Pablo se pone serio e insiste con sus argumentos, como ya hemos visto anteriormente, pero su tono es siempre como el de un padre con sus hijos y no como el de un jefe o comandante (1 Cor 4:14; 1 Ts 2:11), haciendo uso de la confianza que tal posición relacional le otorgaba, y no de los galones.

Paul Tautges, en su librito *Counsel your flock: Fulfilling your role as a teaching shepherd,* (Aconseja a tu rebaño: Cumple tu función como pastor enseñante) hablando de la personalidad del ministerio auténtico, se refiere a varias características que ha de poseer el consejo pastoral en general, pero que nos es útil aquí tratando el asunto de la consejería ministerial dedicada a quienes se están desarrollando en el servicio del Señor (pp. 31-46). Señala que el consejo ha de ser responsable, servicial, saturado de la palabra de Dios, es decir, bíblico, cristocéntrico, que ayude a corregir los desvíos que se puedan ir produciendo en la vida del aconsejado, con contenido teológico y sabio. Al desarrollar el aspecto que tiene que ver con la corrección escribe:

> El modelo de ministerio auténtico desarrollado por el apóstol Pablo incluye alertar a los discípulos acerca del peligro de las ideas falsas y oponerse a las actitudes y actos pecaminosos. La palabra "amonestar" (Col 1:28) viene de *nouzeteo,* que significa "corregir por medio de la enseñanza y avisar de un peligro". Sin duda, esto formaba parte del ministerio público de Pablo como

predicador, pero iba más allá incluyendo la exhortación y el consejo privados".[9]

Además del caso de los ancianos de Éfeso reunidos por Pablo para despedirse de ellos, hace referencia a su trato epistolar con los corintios: "No escribo esto para avergonzaros, sino para *amonestaros* como a hijos míos amados. Aunque tengáis diez mil maestros en Cristo, no tendréis muchos padres, pues en Cristo Jesús yo os engendré por medio del evangelio. Por tanto, *os ruego* que me imitéis" (1 Cor 4:14-16). Resalta el autor el talante de Pablo, amoroso y compasivo. Cita también a los tesalonicenses, a quienes Pablo dirige las siguientes palabras: "También os rogamos, hermanos, que *amonestéis* a los ociosos, que alentéis a los de poco ánimo, que sostengáis a los débiles, que seáis pacientes para con todos" (1 Ts 5:14). Aunque este texto es una referencia general, para todos los creyentes, podemos también aplicarlo a los que sirven al Señor, entre quienes también puede haber, en determinadas circunstancias, ociosos o desordenados, pusilánimes y débiles. De los primeros, a quienes también califica de indisciplinados, dice que requieren ser "firmemente corregidos e instruidos en cuanto tiene que ver con lo que Dios espera de ellos o ellas como obreros diligentes".[10] Los de "poco ánimo" necesitan ser animados: "esta clase de gente preocupados con sus luchas no necesitan ser corregidos con firmeza, como los desordenados, sino palabras que los fortalezcan que enderecen sus corazones desfallecidos a fin de confiar en la bondad y fidelidad de Dios".[11] Y de los débiles dice que "simplemente necesitan nuestra ayuda". Añade la paciencia como ingrediente imprescindible en la vida del creyente y, cuánto más, añado yo, de quien sirve o desea servir al Señor en el ministerio cristiano, y concluye el apartado diciéndonos:

> Es significativo que los cuatro verbos de la exhortación de Pablo en lo referente al ministerio de aconsejar —"amonestar", "animar", "ayudar" y "ser pacientes"— están en tiempo presente en

---

[9] Tautges, Paul, p. 38.

[10] *Ibíd.*, p. 39.

[11] *Ibid.*

el griego, lo que implica que este tipo de personas van a existir siempre en todas nuestras iglesias.

El auténtico ministerio pastoral, por tanto, reconoce la variedad de problemas y de grados de madurez que hay dentro de la familia de Dios *y del ministerio* con gran paciencia, consideración e instrucción, acompañado de la sensibilidad del Espíritu Santo. Hasta que Jesús vuelva, este tipo de atención personal y discipulado correctivo serán siempre necesarios"[12] (*én*fasis mío).

Acompañar

Nuestro gran acompañante durante toda la vida es y debe ser Dios mismo, por medio de Jesucristo y del Espíritu Santo, el mismo Dios que prometió a Moisés, "Mi presencia te acompañará y te daré descanso" (Éx 33:14). No podemos concebir un ministerio cristiano sin esa presencia permanente, sin la cual no somos nada. La reacción de Moisés fue clara: "Si tu presencia no ha de acompañarnos, no nos saques de aquí. Pues ¿en qué se conocerá aquí que he hallado gracia a tus ojos, yo y tu pueblo, sino en *que tú andas con nosotros?*" (Éx 33:15-16).

Ninguno de nosotros es Dios para que nos apropiemos estos textos en forma directa, como diciendo que quienes están desarrollándose en el ministerio no podrán avanzar sin nosotros, pero sí podemos aprender de ellos.

Moisés entendía que el acompañamiento de Dios consistía en que él estuviera *presente*, que anduviera *con* ellos en forma tangible, que estuviera a su lado. Eso significaba que podía ser consultado, que su mano poderosa estaba a su favor, que era su proveedor en la necesidad, etc. Tampoco nosotros podemos cubrir todas esas áreas que solo pertenecen a la omnipresencia y omnipotencia divinas, pero sí podemos hacer nuestra parte, conforme a nuestra capacidad. Como mentores, estas capacidades no son escasas y hemos de ponerlas a disposición de aquellos a quienes estamos ayudando a avanzar en el camino del ministerio.

Hemos usado el símil de las aves que "echan del nido" a sus crías para que aprendan a volar y a enfrentarse a las realidades de la vida, muchas veces hostil y llena de peligros. Pero echar a volar a los futuros

---

[12] *Op. Cit.* P. 41.

ministros y ministras no significa desentendernos de ellos, como diciendo: "¡Uf, por fin me los quité de encima! Ahora, que se busquen la vida y resuelvan ellos mismos sus propios problemas". Los hijos son y serán nuestra preocupación siempre. La mayoría de edad, su madurez integral, no quiere decir que ya podemos despreocuparnos y mirar a otra parte. Creo que tenemos una responsabilidad moral para con ellos y, en cierta manera y en forma cabal, una cierta autoridad, no orgánica, pero sí moral. Si ellos son igualmente cabales, no despreciarán esa relación y, aun usando su derecho a la autonomía y a asumir su propia responsabilidad, sabrán aprovechar las ventajas de tener alguien a quien recurrir en caso de necesidad o de no saber por dónde tirar, en las grandes crisis de la vida, que no escasean, cuando se requiere la aportación sabia de la experiencia, el "haber pasado antes por allí", la serenidad de la perspectiva que da la distancia.

Leyendo otra versión de la Biblia distinta de la RV, la *Nuova Riveduta* italiana, un día descubrí un matiz interesante en un texto del libro de Josué. La RV española dice así:

> Cuando veáis el Arca del pacto de Jehová, vuestro Dios, y a los levitas sacerdotes que la llevan, saldréis del lugar donde estáis y marcharéis detrás de ella, a fin de que *sepáis* el camino por donde habéis de ir, por cuanto *vosotros no habéis pasado nunca antes por este camino*. Pero que haya entre vosotros y el Arca una distancia como de dos mil codos; no os acercaréis a ella" (Jos 3:3-4).

¿Qué matiz aporta la versión italiana? En primer lugar, la frase "pero que haya entre vosotros y el Arca una distancia como de dos mil codos" está colocada en otra posición, justo después de "marcharéis detrás de ella", e inmediatamente delante de "a fin de que sepáis el camino por donde habéis de ir". No rompe así la secuencia de la acción, colocando las frases en una correlación lógica. Además, el verbo "saber", en su conjugación "sepáis", se traduce, como consecuencia de lo dicho anteriormente, por "que podáis ver". Se aporta el matiz de la perspectiva, el ver a distancia para analizar mejor los detalles. ¿Y por qué razón hace falta esa perspectiva? Sencillamente, por causa de la inexperiencia, "... por cuanto vosotros no habéis pasado nunca antes por este camino". Para mí, esta manera de organizar el texto y traducir el verbo es más natural y más clarificador. Cuando se traduce un texto, las frases han de organizarse de modo que no fuercen la expresión en el idioma de destino, sino que se adapten mejor a sus formas sintácticas propias.

Todo esto subraya la importancia de tener perspectiva, que es poca cuando la experiencia es igualmente escasa; porque la perspectiva, un punto de vista amplio y abierto, la da la distancia, los años, la experiencia que nos lleva a ver más allá de nuestra corta visión y a considerar aspectos de las cosas que no vemos o no podemos prever cuando somos inexpertos o cuando nuestro entendimiento está demasiado condicionado por límites, sean estos impuestos o adquiridos. A veces, vemos las cosas muy de cerca, solo los detalles que tenemos ante los ojos, no percatándonos de cuanto está alrededor y que también es importante, pues sin ello no podremos comprender o interpretar el detalle que sí vemos. Hace falta tomar distancia para ver el todo y no solo la parte, como dicen algunos, lo *macro* y lo *micro*, el bulto y el detalle.

¿Y de dónde podemos adquirir esta perspectiva, si no, además de nuestra propia experiencia que cuesta sudor y lágrimas alcanzar, del consejo y del acompañamiento de quienes nos han precedido o nos preceden? El arca también avanzaba por un camino intransitado anteriormente, pero quienes la cargaban eran los guías del pueblo a su vez dirigidos por Dios, el Dios de los ejércitos de Israel. Sus experiencias –obstáculos, tropezones, impedimentos, a sortear o vencer– servirían de referencia a todo el pueblo que los seguía; pero para que esas experiencias les fueran útiles hacía falta una cierta distancia, para darles tiempo a valorar los hechos y reaccionar en consecuencia. Toda una lección estratégica que merece ser tenida en cuenta por nosotros hoy. Las historias bíblicas que han sido registradas en las Sagradas Escrituras tienen un fin pedagógico para nosotros en el tiempo presente: "Todas estas cosas les acontecieron como ejemplo, y están escritas para amonestarnos a nosotros, que vivimos en estos tiempos finales" (1 Cor 10:11).

El acompañamiento ministerial es muy valioso para quienes se están desarrollando en el servicio al Señor y a las almas. Acompañar es estar al lado, caminar junto a la persona o las personas acompañadas. Sabemos que la etimología de la palabra española tiene que ver con compartir el mismo pan, figura tan familiar para los cristianos que en la Santa Cena compartimos el pan, representativo del Pan de Vida que es Jesús, nuestro Salvador. Ese compartir el pan que representa a Cristo es la comunión (*koinonia*) de los creyentes, entre sí y con el Cristo que los une.

Otra palabra del Nuevo Testamento igualmente interesante que puede ayudarnos a comprender lo que es el acompañamiento al que nos estamos refiriendo es el vocablo *parakaleo*, traducido generalmente por "exhortar" o "consolar", directamente relacionado con *parakletos*, referido al Espíritu Santo como "consolador", o a Jesucristo como nuestro "abogado". Estas palabras, formadas por la preposición griega *para*, "al lado de", y el verbo *kaleo*, "llamar", o el adjetivo *kletos*, "llamado", hacen referencia directa a alguien que "está a nuestro lado", que nos acompaña en nuestro caminar diario, para consolarnos, aconsejarnos, defendernos, etc.[13] El Espíritu Santo y Jesucristo son nuestros acompañantes divinos, pero nosotros también hemos de serlo para aquellos a quienes ministramos.

---

[13] G3870), significa llamar al lado de uno (*para*, al lado; *kaleo*, llamar); de ahí, o bien exhortar, o consolar, animar (Diccionario Vine del NT).

CAPÍTULO 8

Disponibilidad en libertad

Nuestro papel como mentores nos lleva a estar "disponibles", a disposición de aquellos a quienes servimos. Así como una construcción necesita de la presencia asidua del arquitecto y de los diferentes peritos y técnicos, la tarea de construir ministerios cristianos nos pide dedicación y disponibilidad. Estar disponibles, manteniéndonos *al lado*, acompañando a quienes están *en construcción*, no es estar *encima* o agobiar con nuestra presencia y nuestra influencia a quien acompañamos, haciéndoles sentir vigilados o tutelados permanentemente, como si aún fueran menores de edad. Una cierta distancia es necesaria para conceder la oportuna y necesaria libertad de movimientos a quienes se desarrollan en el ministerio, que asuman que son capaces, aunque necesiten ayuda.

Hay culturas antiguas en las que los niños recién nacidos son revestidos de modo que quedan envueltos en sus pañales manteniendo todos sus miembros atados sin posibilidad de moverse. Solo se les ve el rostro. Se parecen a esas muñequitas rusas, llamadas *matrioshkas*, muy bonitas pero estáticas, todas iguales, contenidas las unas dentro de las otras. Pero no podemos maniatar a nadie, por muy novato y aprendiz que sea, porque es el movimiento y el ejercicio lo que fortalece los músculos y lo que permite un crecimiento madurativo sano y progresivo, sea en el mundo físico como en el espiritual y ministerial.

¿Qué entendemos por libertad en relación con el asunto que estamos desarrollando? Necesitamos clarificar bien las cosas para evitar ciertas desviaciones debidas a una concepción errónea de esa libertad, que es patrimonio de todos los creyentes en Cristo.

Para empezar, libertad no significa independencia plena y absoluta, es decir, la capacidad de decidir y hacer lo que a uno le da la gana. Pablo amonesta a los creyentes de Éfeso diciéndoles: "Someteos unos a otros en el temor de Dios" (Ef 5:21), lo cual implica una cesión de libertad. La convivencia en el mundo, aunque hoy predomine un individualismo tribal absoluto,[14] está llena de concesiones y de cesiones de libertad. La propia existencia del Estado es una muestra de ello. Aunque hoy la palabra sometimiento es políticamente incorrecta, el sometimiento cristiano de los unos a los otros es un valor positivo y constructivo, una actitud de humildad, de respeto y consideración mutuos, como indican los distintos textos que hablan de ello (Mc 10:44; Gá 5:13; Flp 2:3; 1 P 5:5). Todos estamos relacionados unos con otros, entrelazados con vínculos orgánicos que garantizan el buen funcionamiento del cuerpo de Cristo, que es su iglesia, tal como explica Pablo: "Siguiendo la verdad en amor, crezcamos en todo en aquel que es la cabeza, esto es, Cristo, de quien todo el cuerpo, bien *concertado* y *unido entre sí* por todas *las coyunturas que se ayudan mutuamente*, según la actividad propia de cada miembro, recibe su crecimiento para ir edificándose en amor" (Ef 4:15-16). Toda concertación entre partes requiere ponerse de acuerdo, es decir, *negociar* y *ceder*, para ajustarse unos a otros y poder así trabajar por un fin común que beneficie a todos que solo puede lograrse uniendo esfuerzos.

Ser independiente significa tomar decisiones sin depender de nadie y responder sólo ante uno mismo no teniendo que dar cuentas a nadie más. Los creyentes en Cristo formamos su cuerpo y, por tanto, dependemos de él, de Cristo, quien es la cabeza de ese cuerpo. Es lo que enseñan las Escrituras. Si nos proclamamos independientes estamos

---

[14] Tomo esta expresión de una reflexión muy inteligente del periodista independiente Ignacio Varela en Onda Cero, quien desmiente que los españoles seamos tan individualistas como decimos que somos, pues al mismo tiempo prevalecen los estereotipos de la tribu a la que pertenecemos y que nos condicionan y modelan nuestro comportamiento.

diciendo que nadie nos gobierna y, por tanto, Cristo no es nuestra cabeza. Estaríamos desgajados de él. No estoy aquí poniendo en tela de juicio la autonomía de la iglesia local respecto de cualquier organización o institución eclesiástica, ni tampoco la autonomía personal de cada creyente, resultado de su madurez espiritual; me refiero a la dependencia que todo creyente tiene de Cristo y, por extensión, los unos de los otros. La iglesia no es una suma de individualidades, sino una unión corporativa de individualidades, en armonía y coordinación y bajo la dirección de una cabeza y guía que es Cristo.

Todo creyente está, pues, sometido a la autoridad de Cristo. Pero, además, según el texto de Efesios, el cuerpo no solo está "concertado", sino "bien concertado", lo cual solo es posible si cada cual ocupa su posición armónica en el todo, ocupando su *lugar* y ejerciendo su *función* exactos que le corresponde unido a los demás miembros del cuerpo. El símil del cuerpo humano usado por Pablo en sus cartas es muy elocuente e ilustrativo.

Recordemos que la iglesia de Jesucristo no es una organización sino un organismo vivo. Nuestras iglesias locales son, por estar insertadas en un medio social determinado, en cierta manera, organizaciones, y como tales tienen sus sistemas de funcionamiento en lo que respecta a su papel social que desempeñan en el medio en el que viven, a la vez que están sometidas a un determinado ordenamiento jurídico, propio de cada país o sociedad de la que forman parte; pero no podemos olvidar que su esencia no es esa, sino la de un organismo espiritual cuya cabeza rectora que le proporciona la vida es Cristo. Cualquier otra comprensión del asunto nos conducirá a conclusiones erróneas, como ocurre con ese ecumenismo monolítico que pretende unir a los cristianos en una macro-organización, evidentemente controlada por quien promueve tal tipo de ecumenismo. La unidad de los cristianos solo puede producirse en el marco de ese organismo espiritual que es el cuerpo de Cristo, cuya única cabeza posible es él, y cuyos lazos de unión, sus vínculos, son espirituales y no institucionales u organizativos.

El texto hace referencia a las "coyunturas", o ligaduras que nos atan unos creyentes con otros, como los miembros del cuerpo están unidos entre sí por huesos, músculos, tendones y nervios; y la conexión entre unos y otros los hace operativos, útiles y productivos. Un miembro que no tiene nada que ver con el resto del cuerpo es un miembro desgajado y, por tanto, muerto. Aun estando enfermo, mientras esté conectado con el cuerpo puede ser sanado por medio del aporte de los demás miembros o componentes del cuerpo, que tiene recursos en tal sentido. Hablar de "ministros independientes" es en realidad un oxímoron, es decir, una contradicción léxica. Cuando hablamos, pues, de libertad, no estamos hablando de independencia absoluta, sino de autonomía responsable.

La esencia del evangelio es la libertad: "Conoceréis la verdad y la verdad os hará libres", dijo Jesús; pero añadió: "Todo aquel que practica el pecado, esclavo es del pecado […] Así que, si el Hijo os liberta, seréis verdaderamente libres" (Jn 8:32, 34, 36). Quien practica el mal lo hace por una decisión supuestamente libre de su voluntad, pero en realidad no es libre, porque actúa sometido al dictado de su concupiscencia, de su naturaleza pecaminosa que mora en él que lo esclaviza, y por eso Jesús dice que es un esclavo.

Pablo escribe: "Vosotros, hermanos, a libertad fuisteis llamados; solamente que no uséis la libertad como ocasión para la carne, sino servíos por amor los unos a los otros (Gá 5:13), y también, "donde está el Espíritu del Señor, allí hay libertad" (2 Cor 3:17), porque el evangelio es libertad y, por tanto, la vida cristiana es igualmente libre. Todo sistema eclesiástico que elimine o limite la libertad, cualquier sistema opresivo que se imponga por fuerza o por presión o manipulación, falla de raíz, porque Cristo nos ha liberado de todo yugo. La historia de las iglesias cristianas está, por desgracia, llena de trasgresiones de esta verdad. Nadie se libra de episodios vergonzosos, a gran escala y a pequeña escala. Si, como escribe Pablo, "El Señor es el Espíritu; y donde está el Espíritu del Señor, allí hay libertad" (2 Cor 3:17), cuando violamos la libertad de los creyentes estamos actuando con una falta de espiritualidad grave. La libertad es, pues, sagrada, porque viene del Espíritu de Dios, y bien haríamos en respetarla siempre.

Pero como también enseña Pablo, hay que tener en cuenta cuáles son los límites de la libertad cristiana: "Todas las cosas me son lícitas, pero no todas convienen […] Todo me es lícito, pero no todo conviene; todo me es lícito, pero no todo edifica. Nadie busque su propio bien, sino el del otro" (1 Cor 6:12; 10:23-24). Los criterios evangélicos sobre la libertad no son los mismos que los que este mundo ha desplegado a través de los tiempos, ni todo lo que por ahí se proclama como libertad lo es en verdad. Hoy día, el parámetro fundamental por el que se mide esta libertad es uno mismo, el *ego* o *self* constituido en dios absoluto del universo. A falta del verdadero, del Creador, dado por muerto por los ideólogos ateos, había que poner otro en su lugar, porque el ser humano necesita algunos absolutos para sostener el "todo es relativo" –otro oxímoron, porque el todo ya es de por sí un absoluto. "A rey muerto, rey puesto". El YO de cada cual sustituye al DIOS verdadero, que nos hizo y nos sostiene; desafortunadamente, esto ocurre incluso en muchos que se tienen por creyentes, y que yo no niego que lo sean, solo que en los que seguimos a Cristo, esto es una deficiencia evidente.

Quien está construyendo su ministerio necesita ser libre para poder ser él mismo o ella misma. El tutelaje inicial, del que ya hemos hablado ha de dar paso, a medida que la persona madura, a una libertad cristiana y ministerial que no puede ser "libertad vigilada", "libertad condicional" o "libertad bajo fianza", sino plena y, a la vez, responsable. La desconfianza es una actitud negativa en cualquiera de los ámbitos de la vida; sin confianza, las relaciones humanas son imposibles y generan, a la larga, reacciones indeseadas, sospechas, revanchas, conflictos, rebeliones...

Nuestro papel de ayuda y acompañamiento ha de ser el de estar cerca, a la disposición de esas personas, como un padre o una madre están siempre a disposición de los hijos, salvo cuando hay conflictos generacionales sin resolver y, entonces, el distanciamiento, cuando no la guerra abierta, son causas de frustración y dolor para ambas partes. Poder recurrir a alguien de confianza, más experto en las vicisitudes de la vida, es un privilegio del que no todos pueden o quieren disfrutar. "Escucha a tu padre, que te engendró", dice el proverbio; "y cuando tu madre envejezca, no la menosprecies" (Prov 23:22). ¡Qué bien haríamos atendiendo a consejos como estos! Recordad, son consejos, no mandamientos, pero seguir los buenos consejos es de sabios; menospreciarlos, no es inteligente.

Cuando los hijos maduran y se van del hogar paterno-materno, sea para vivir solos o porque crean una familia propia, si las relaciones son sanas y los vínculos familiares normales, se crea un nuevo equilibrio emocional y relacional maduro. Ahora, siendo hijos o hijas, se crea un compañerismo igualitario, pues se comparten las mismas vivencias: hay que mantener un hogar, saber relacionarse con la persona con quien se comparte la vida, van llegando los hijos, o no… surgen los problemas laborales, el paro o, por el contrario, se disfruta del éxito profesional, de la realización personal. La vida nos va igualando en todo, salvo que unos van por delante y otros por detrás y, también, que unos se irán antes que otros, aunque la vida no siempre respete el orden lógico en este asunto. En el ministerio ocurre igual. Algunos hemos consumido ya buena parte de nuestro recorrido, mientras los más jóvenes apenas lo están iniciando, o simplemente van algunas etapas por detrás. Todos podemos aprender los unos de los otros. Las generaciones más viejas aportan experiencia y cierta sabiduría; las más nuevas aportan igualmente otras maneras de ver las cosas, ilusión y brío, y determinadas experiencias que nosotros no tuvimos porque no estaban a nuestra disposición, como pueden ser otros idiomas, viajes, nuevos conocimientos, tecnologías innovadoras, etc., lo cual también significa una nueva sabiduría, inasequible para las generaciones anteriores, pero real. Los mayores tienen la perspectiva del tiempo; ellos, los más jóvenes, la de la amplitud de miras de un mundo más abierto y más cercano, y la posibilidad de emprender nuevos proyectos para los que nosotros, los más viejos, ya no tenemos ni fuerzas ni tiempo.

Nuestra disponibilidad ha de permitirnos estar a su disposición para lo que puedan necesitar, siempre cercanos, respetando su libertad y valorando sus propias aportaciones, aunque a veces nos puedan parecer algo extrañas, porque no siempre estaremos en disposición de entender los nuevos retos del momento actual, que supera a las generaciones pasadas, pero que son la realidad ineludible de las presentes. Esto exige generosidad de nuestra parte y requerirá muchas veces que hagamos un esfuerzo de comprensión, de apertura de mente y de paciencia. ¡Que el Señor nos ayude! Así ha sido siempre en un mundo inapelablemente cambiante.

En un punto determinado de la segunda carta de Pablo a los Corintios, el apóstol escribe: "En cuanto a *Tito, es mi compañero y colaborador* para con vosotros; y en cuanto a nuestros hermanos, son mensajeros de las iglesias y gloria de Cristo" (2 Cor 8:23). Tito era compañero de Pablo y, por tanto, Pablo lo era de Tito. Ambos trabajaban en un nivel de igualdad en la obra de Dios, aunque la relación de Pablo hacia Tito siempre sería como la de un padre y un hijo. Pablo dedica ese tratamiento de "compañero" en más ocasiones a otros hermanos, o el de "colaborador", y lo aplica a hombres y a mujeres, como es el caso de Epafrodito, Epafras, Arquipo, Evodia, Síntique, etc. Si somos capaces de alcanzar este nivel de "igualdad" con aquellos a quienes ayudamos a construir su ministerio, aun considerando las distancias naturales de edad y experiencia, estaremos avanzando en la buena dirección y veremos nuestra labor recompensada con el éxito y la satisfacción de ver los frutos.

"Mucho se alegrará el padre del justo, y el que engendra a un sabio se gozará con él" (Prov 23:24).

CAPÍTULO 9

La mayoría de edad

Alcanzar la mayoría de edad es llegar a un momento crítico de la vida. La mayor parte de países de nuestro entorno social y cultural tiene establecida esta mayoría de edad a los dieciocho años. A partir de ahí, uno puede tomar sus propias decisiones y se hace responsable de sus actos, sus derechos civiles son plenos y también sus obligaciones.

Yo tuve que esperar hasta los veintiún años para ser jurídicamente mayor de edad, porque entonces la legislación española, bajo el régimen del dictador Franco, así lo tenía establecido. Con dieciocho y diecinueve años, aún no convertido, yo vivía tiempos de inconformismo y rebeldía y ansiaba llegar a la mayoría de edad para no depender de las restricciones paternas, culturales y legales. Eran los tiempos del Mayo francés del 68, de las revueltas estudiantiles y obreras en España, de la revolución *hippie*, etc. Afortunadamente, cuando conocí al Señor, con diecinueve años de edad, me sentí liberado de toda cadena y opresión y ya no me preocupé más por esas cosas, aunque ser cristiano evangélico en el seno de una familia católico romana y un medio social igualmente católico romano y, por tanto, adverso, me ocasionó algunos inconvenientes e incomodidades. Con todo, he de decir que mis padres me concedían una relativa libertad, como también a mis hermanos. Mi padre era muy estricto en unas cosas, pero abierto en otras; y mi madre, mucho más permisiva, y su mente más abierta, pues era una extraordinaria lectora y, no cabe duda alguna, leer abre la mente y el corazón. Siempre recuerdo a mi madre, al final del día –la televisión llegó tarde y con horario limitado– una vez concluidas las tareas domésticas de un hogar con cinco varones, mi padre y cuatro hijos, sentada en su butaca con un montón de libros al lado, leyendo hasta el cansancio. Permítaseme esta pequeña reseña familiar con el fin de situarme un poco en el contexto de lo que estamos tratando aquí acerca de la libertad. Para ella leer era una evasión que le permitía recorrer el mundo y escapar de los problemas cotidianos y del sistema machista de la época, al tiempo que se enseñaba sobre muchos asuntos y le hacía tener una mente abierta. Esa afición por la lectura halló cabida en mí mismo bajo su inspiración y guía, y en algunos de mis hijos (incluso uno de mis nietos, Mateo, con sus once años que tiene en el momento de escribir estas líneas, y que ya ha leído más que muchos adultos).

Este capítulo tiene que ver, no obstante, con esa "mayoría de edad" ministerial, que han de alcanzar quienes están construyendo su propio ministerio con nuestra ayuda y bajo nuestra dirección, si es que este es el caso.

¿Cuándo podemos considerar alcanzada esta mayoría de edad?

Como en lo relativo a la vida familiar, se supone que mayoría de edad significa "madurez", y madurez significa autonomía y responsabilidad, características ambas que hoy, aun alcanzando la edad fisiológica de los dieciocho años, no está garantizado que alcancen nuestros jóvenes actuales en nuestro entorno, tan acomodado y confortable. Es cierto que la juventud de hoy se enfrenta a graves problemas, como el paro juvenil, la ausencia de un futuro claro para muchos, la falta de referencias fiables, la masiva presión de los medios de comunicación y de la tribu, pero tienen el mullido colchón de la familia más o menos estable, que otras generaciones no tuvieron.

En determinadas culturas nórdicas, llegada esa edad, o incluso antes, los jóvenes dejan el hogar paterno y se establecen por su cuenta, sea que vayan a la universidad, estudiando, o trabajando, pero asumen su autonomía con naturalidad. Normalmente, todo hay que decirlo, papá estado les ayuda en alguna medida para que puedan hacerlo. En nuestras culturas latinas, las costumbres y la economía pública son otras y la permanencia en el hogar paterno o materno suele ser más prolongada, estirándose cómodamente hasta el final de los estudios, el inicio de la vida laboral o la formación de la propia familia vía matrimonio o constituyendo pareja de hecho, como se denomina hoy en día la vida en concubinato. Es curioso, pero hasta los cristianos hemos adoptado el vocabulario oficial y en muchas ocasiones hablamos de "la pareja", en vez de "el matrimonio", como se hacía antes, cediendo así sin apenas darnos cuenta ante la presión social que ejerce la nueva cultura. La madurez llega, a veces, abruptamente –quizás, hasta tarde– ante las responsabilidades ineludibles de la vida, que acaban por imponerse.

Si hablamos de ministerio cristiano, la mayoría de edad llega cuando, tras la conversión –que es el nacimiento– y un periodo de tiempo de verdadero discipulado, el creyente –hombre o mujer– tras un periodo oportuno de formación y adiestramiento y la correspondiente prueba, abandonan el papel de *servidos* o *consumidores* netos y asumen el papel de *siervos* o *contribuyentes*, es decir, *dadores*; y ya sabemos el dicho evangélico, "mejor es dar que recibir".

Pablo, refiriéndose a quienes aspiran al ministerio, le dice a Timoteo: "Y estos también sean sometidos primero a prueba, y luego, si son irreprochables, podrán ejercer el ministerio" (1 Tm 3:10). Es el "aprobado" de 2 de Timoteo 2:15, cuando quien quiere servir al Señor ha cubierto los requisitos y ha demostrado su capacitación, consistencia, responsabilidad y fidelidad al llamado de Dios. A partir de ahí, no se ha llegado a la meta, simplemente se ha cubierto una etapa básica que es la de la formación *inicial* y comienza otra, la de la madurez, que es el tiempo donde habremos de dar el todo durante el resto de nuestra vida, avanzando, creciendo, ampliando la visión, multiplicando los frutos y produciendo gloria para Dios. Pero, he subrayado formación *inicial* hablando de la formación que lleva a uno a la madurez, porque en el ministerio, como en cualquier actividad profesional productiva, la formación es continua, y el reciclaje, como se dice hoy, necesario y permanente. Quien no se pone al día en lo que a su actividad corresponde, acaba por quedarse atrás, es decir, obsoleto, caduco y, en consecuencia, inútil. En lo que tiene que ver con las personas no hay una obsolescencia programada, más que la que marca nuestra propia limitación temporal, es decir, el envejecimiento y la muerte. Las ciencias avanzan, las tecnologías se perfeccionan o se inventan otras nuevas, y en cuanto al ministerio cristiano, el mundo en el que servimos está en continuo cambio: no podemos vivir ajenos a ello, como si viviéramos en otro planeta. A esto se le llama en español castizo, utilizando la imagen planetaria, estar en la Luna o ser de Marte.

La madurez no implica que uno ya no tiene que ver con nadie y que ya puede ir por el mundo haciendo por su cuenta lo que crea oportuno; bien al contrario, la madurez implica un alto sentido de responsabilidad y de entendimiento, de capacidad relacional, de interdependencia, sabiendo el lugar que le corresponde en el cuerpo para, de manera armónica con el resto del cuerpo, contribuir a su crecimiento y desarrollo, como demanda el apóstol Pablo: "Siguiendo la verdad en amor, crezcamos en todo en aquel que es la cabeza, esto es, Cristo, de quien todo el cuerpo, bien concertado y unido entre sí por todas las coyunturas que se ayudan mutuamente, *según la actividad propia de cada miembro*, recibe su crecimiento para ir edificándose en amor" (Ef 4:15-16).

Un miembro maduro es aquel que desempeña su función para la que ha sido diseñado en el lugar que le corresponde en el cuerpo y debidamente conectado y concertado con el resto de miembros que, siendo maduros como él, contribuyen a su edificación, "hasta que *todos* [juntos, unidos, en armonía] lleguemos a la unidad de la fe y del conocimiento del Hijo de Dios, al hombre *perfecto* [maduro y cabal], a la medida de la estatura de la plenitud de Cristo" (Ef 4:13).

La madurez implica por naturaleza la capacidad de interrelación, la socialización del individuo o su capacidad de convivir productivamente integrado en su entorno, junto a otras personas igualmente maduras como él o ella. Los individuos que por alguna razón no logran esta socialización o integración en el conjunto se llaman asociales, inadaptados, rebeldes, etc., calificaciones que muestran su falta de madurez.

¿Qué se hace, pues, cuando uno llega a la mayoría de edad?

Simplemente asumir responsabilidades y empezar a trabajar. Pero ¿acaso antes no trabajaba? Sí, pero estaba en formación; el trabajo consistía en formarse. Ahora es plenamente responsable del trabajo que se le asigna y del cual ha de rendir cuentas. ¿Quiere esto decir que su formación ha concluido y que no necesita más? En ninguna manera, significa que su adiestramiento y formación es suficiente para desempeñar eficientemente su labor, produciendo resultados. Significa que el carácter básico del siervo de Dios se ha fijado en su vida y que, por tanto, su credibilidad, es decir, el nivel de confianza que podrá ponerse sobre él o ella, será la suficiente para empezar, pero que hay todo un camino por delante para ser andado, con la ventaja de que uno no irá solo, sino que el Espíritu Santo lo acompañará siempre, proporcionándole dirección y guía, además del poder y la fuerza necesarios para llevar a buen término la misión encomendada. Utilizando el lenguaje universitario actual, se ha obtenido el grado y ahora viene el máster e, incluso, el doctorado. Hay mucho camino por delante y hará falta mucho esfuerzo y dedicación para recorrerlo exitosamente, pero valdrá la pena. Porque los resultados serán excelentes.

Como cualquier actividad humana, y esta también lo es además de ser divina, el aprendizaje no acaba nunca, porque la vida es cambiante y a ella hemos de adaptarnos a medida que transcurre. Ese aprendizaje posterior y permanente es lo que nos proporcionará la sabiduría, producto de la experiencia. Además, no estamos solos, pues formamos parte de un cuerpo.

Todo creyente ha de fomentar y desarrollar en su vida un profundo sentido de pertenencia al cuerpo, porque como Cristo explicó a sus discípulos, "el que permanece en mí y yo en él, este lleva mucho fruto, porque separados de mí nada podéis hacer" (Jn 15:5). Y permanecer en Cristo es comprender lo que significa vivir como miembro vivo de su cuerpo, que es la iglesia, conectado a él y concertado con el resto de miembros. Separados del cuerpo seremos miembros desgajados y, por tanto, muertos. No sé por qué muchos se empecinan en mantenerse separados, pensando ser los únicos, los buenos, menospreciando a los demás, supuestamente para "no contaminarse". Es cierto que otros miembros enfermos pueden dañarnos en alguna medida, pero la sanidad solo se produce injertados en el cuerpo, no fuera de él, por el propio poder terapéutico del cuerpo y la acción de quien cuida de él, que es el Señor. Si yo me separo del cuerpo el que se muere soy yo y me convierto, como cualquier cadáver, en infeccioso y contaminante.

La madurez ministerial nos lleva a saber trabajar en armonía, "bien concertados", con los otros miembros del cuerpo, formando parte de equipos ministeriales, sabiendo respetar el liderazgo establecido y liderando en las áreas de ministerio que se nos asignen para poder liderar más tarde en otras áreas de ministerio que requieren una mayor experiencia. Quien no sabe trabajar así no está preparado para asumir responsabilidades ministeriales, pues la enseñanza evangélica es: "Someteos unos a otros en el temor de Dios" (Ef 5:21). Nuestra tarea como formadores y constructores de ministerios es preparar a los futuros siervos y siervas de Dios para que alcancen la madurez, asuman su mayoría de edad, y pasen a ocupar su lugar en la obra de Dios, produciendo el fruto que él espera de cada uno de nosotros, como explica el capítulo que sigue.

CAPÍTULO 10

Fruto sano y perdurable

Yo soy la vid verdadera y mi Padre es el labrador. Todo pámpano
que en mí no lleva fruto, lo quitará; y todo aquel que lleva fruto, lo
limpiará, para que lleve más fruto. Ya vosotros estáis limpios por
la palabra que os he hablado. Permaneced en mí, y yo en vosotros.
Como el pámpano no puede llevar fruto por sí mismo, si no
permanece en la vid, así tampoco vosotros, si no permanecéis en mí.

Juan 15:1-4

Unidos a Cristo

Esta alegoría de la vid nos enseña algo que es evidente: las ramas –
pámpanos o sarmientos– no pueden llevar fruto de sí mismos, solo
lo sostienen, siempre y cuando estén unidos a la planta madre, siendo
cauces para que la vida que procede del tronco pueda producirlo a través de ellos. El fruto viene de la vid –la cepa– que es quien proporciona
vida a las ramas mientras estén injertadas en el tronco y permite que
lleven fruto, la uva, con las características propias de la cepa. Separados
de Cristo –de su cuerpo, que es la iglesia– no podemos ser productivos.

Jesucristo estableció la ordenanza de la Santa Cena, también llamada *eucaristía* –acción de gracias– y comunión, a fin de que el pueblo de

Dios entienda y viva la realidad del cuerpo. Es un acto lleno de simbolismo que materializa de algún modo la presencia de Cristo en medio de su pueblo, su iglesia, que se alimenta de él y solo de él, el verdadero pan de vida. "La copa de bendición que bendecimos [escribe Pablo], ¿no es la comunión de la sangre de Cristo? El pan que partimos, ¿no es la comunión del cuerpo de Cristo? *Siendo uno solo el pan, nosotros, con ser muchos, somos un cuerpo, pues todos participamos de aquel mismo pan*" (1 Cor 10:16-17). ¡Qué importante es comprender el profundo contenido teológico de este texto!

Sin embargo, aún hoy, muchos en el pueblo de Dios siguen sin entender esta importante verdad y se mantienen separados del resto del cuerpo de Cristo con actitudes personalistas y exclusivistas, puestas de manifiesto de mil maneras. Puede que proclamen su pertenencia al cuerpo, pero con sus hechos demuestran lo contrario, o pretenden ser cuerpo solo ellos, con exclusión de los demás.

Pablo advierte a los corintios de ese peligro cuando les escribe: "El que come y bebe indignamente, *sin discernir el cuerpo del Señor*, juicio come y bebe para sí" (1 Cor 11:29). Discernir el cuerpo del Señor es exactamente comprender lo que significa pertenecer al cuerpo como miembro que funciona bajo la autoridad de su cabeza y en armonía y concertación con el resto del cuerpo, en beneficio del cuerpo, y para su edificación general, tal como añade el apóstol un poco después en la misma carta: "Ahora bien, hay diversidad de dones, pero el Espíritu es el mismo. Y hay diversidad de ministerios, pero el Señor es el mismo. Y hay diversidad de actividades, pero Dios, que hace todas las cosas en todos, es el mismo. Pero *a cada uno le es dada la manifestación del Espíritu para el bien de todos*" (1 Cor 12:4-7).

Es fundamental para el buen fin de nuestro ministerio entender esta verdad: si hemos de ser fructíferos en cuanto hagamos para el Señor, y si cuanto hacemos ha de llevar gloria para él, no podemos eludir la necesidad absoluta de estar debidamente injertados en la vid verdadera. Es una obviedad, pero como he dicho antes, nuestras actitudes pueden demostrar todo lo contrario. La celebración asidua de la Santa Cena ha de llevarnos a reflexionar con frecuencia acerca de nuestra posición, nuestra función específica en el cuerpo, así como nuestra relación con el resto de sus miembros, conforme al consejo de Pablo: "Cualquiera que coma este pan o beba esta copa del Señor indignamente, será culpado del cuerpo y de la sangre del Señor. Por tanto, *pruébese cada uno a sí mismo*, y coma así del pan y beba de la copa, [...] si, pues, nos *examináramos* a nosotros mismos, no seríamos juzgados" (1 Cor 11:27-28, 31). Por eso, participar adecuadamente en este acto sagrado tiene consecuencias sanadoras para el pueblo de Dios, pues nos ayuda a descubrir las grietas e incongruencias en nuestra relación con Cristo y con su cuerpo, llevándonos a restablecer o reconstruir relaciones deterioradas con otros miembros del cuerpo. No hacerlo conlleva incurrir en situaciones de juicio que nos serán adversas. Sorprende, pues, la ligereza con que tantas veces y en tantos medios se celebra la Santa Cena, como si esta fuera un mero ritual, algo que continuamos celebrando por la fuerza de la costumbre, pero del que podríamos prescindir sin que nuestro "culto" padeciera demasiado, o que se hace a toda velocidad para no ocupar demasiado tiempo. Hay que recordar que la Santa Cena ha sido siempre, con la Palabra, durante siglos, el centro del culto cristiano y que su propósito es contribuir a la unidad y sanidad del cuerpo de Cristo, que es la iglesia, porque el examen de uno mismo, por uno mismo y a la luz de la Palabra y del Espíritu Santo, lleva a descubrir el mal espiritual, la ruptura de la comunión y de la unidad que pueda haber en nosotros, dando opción así a solucionar la situación antes de sufrir el juicio. No todo el mundo entiende esta verdad, y muchos la sufren.

Elegidos para llevar mucho fruto

El relato de Juan sobre la última cena de Jesús con sus discípulos da detalles que muestran la profundidad y el contenido íntimo y dramático de la conversación mantenida a lo largo de la comida. Entre muchas otras cosas, les dijo: "No me elegisteis vosotros a mí, sino que yo os elegí a vosotros y *os he puesto para que vayáis y llevéis fruto, y vuestro fruto permanezca*; para que todo lo que pidáis al Padre en mi nombre, él os lo dé" (Jn 15:16). El propósito divino no es que simplemente estemos unidos a la vid, sino que estando unidos a ella seamos ramas sanas que, de manera natural, lleven el fruto que la vid produce, que el fruto sea cada vez mayor y más abundante, y que este fruto no sea efímero, sino de carácter permanente.

Para mejorar la producción del fruto, el labrador –el Padre– limpia las ramas, es decir, las poda, eliminando hojas enfermas o muertas que consumen la sabia de la vid o le restan luz, lo que metafóricamente nos habla del proceso mediante el cual el Padre, por medio del Espíritu Santo, nos ministra para eliminar de nuestra vida todo aquello que significa un lastre o un impedimento para nuestro crecimiento espiritual y para el de los demás. Ese proceso se llama santificación. También es interesante saber que las ramas estériles son igualmente quitadas, llamadas chupones, porque solo consumen y no aportan. El labrador limpia las ramas, pero también, al hacerlo, limpia la vid.

Todo esto nos lleva a hacernos una pregunta absolutamente pertinente: ¿A qué se refería Jesús cuando habló del fruto, tanto en la alegoría de la vid como después, cuando les habló de fruto abundante y permanente? ¿Cuál es el fruto que el Señor espera de nosotros?

Muchos hablarán de convertidos, otros del fruto del Espíritu y otros de otras cosas. Personalmente creo que se refería a todo ello conjuntamente, es decir, a los resultados propios de una vida unida a Cristo, del resultado de la vida de Dios obrando en nosotros, sus hijos. Pensar en un solo tipo de frutos es limitar la fuerza y el potencial que existe en esa vida. Pablo escribe a la iglesia en Éfeso: "En otro tiempo erais tinieblas, pero ahora sois luz en el Señor; andad como hijos de luz (porque el fruto del Espíritu es en toda bondad, justicia y verdad), comprobando [experimentando] lo que es agradable al Señor. Y no participéis en las obras infructuosas de las tinieblas [que son estériles y muertas], sino más bien reprendedlas" (Ef 5:8-11).

Dar fruto como buenos pámpanos implica manifestar en nosotros el carácter de Cristo. Antes no solo vivíamos en la oscuridad, sino que éramos tinieblas. Ahora *somos* luz y vivimos en la luz. No es una mera declaración retórica, bonita; ha de ser una realidad que implica un comportamiento coherente con la naturaleza de Cristo, la cual se nos transfiere por el solo hecho de estar unidos a él, así como la sangre del cuerpo se bombea desde el corazón a todos y cada uno de sus miembros y órganos y les lleva el oxígeno vital para su supervivencia. Si por alguna causa la sangre no llega, el miembro se gangrena y el órgano deja de funcionar, con riesgo de matar a todo el cuerpo. Dar fruto es tener la capacidad de engendrar nuevos creyentes, por supuesto, algo natural cuando hay vida y hay salud. Dar fruto es producir gloria para Dios con nuestros labios, con nuestras acciones, con nuestro testimonio. Dar fruto es que se vea a Cristo reflejado en nosotros, porque cada vez el propósito de Dios se vea más claramente en las realidades de nuestra vida.

¿Y qué quiere decir que nuestro fruto "permanezca"? Quizá nos pueda ayudar a contestar a esta pregunta el siguiente texto de Pablo: "Nadie puede poner otro fundamento que el que está puesto, el cual es Jesucristo. Si alguien edifica sobre este fundamento con oro, plata y piedras preciosas, o con madera, heno y hojarasca, la obra de cada uno se hará manifiesta, porque el día la pondrá al descubierto, pues por el fuego será revelada. La obra de cada uno, sea la que sea, el fuego la probará" (1 Cor 3:11-14). Aquí la metáfora es otra; ya no se trata de una vid, sino de un edificio en cuya construcción colaboramos. El fin de este edificio es contener la gloria de Dios –si es que algo humano puede contenerla– pero es así, pues somos templos del Espíritu Santo, como iglesia y como individuos. También Dios quiso habitar en un ser humano, plenamente humano, como fue Jesús, algo humanamente incomprensible pero real, para poder comunicar su amor al mundo perdido y morir por él. El verbo eterno, la expresión divina personalizada, "se hizo carne, y habitó entre nosotros lleno de gracia y de verdad, y vimos su gloria, gloria como del unigénito del Padre" (Jn 1:14). De él escribe Pablo: "Porque en él habita corporalmente toda la plenitud de la divinidad" (Col 2:9). Es lo que se llama el "misterio de la encarnación".

Dar fruto es que se vea en nosotros la gloria de Dios, que el amor sea patente, y la mansedumbre, la amabilidad, la justicia en cuanto hacemos y decimos, y que ese testimonio lleve a otros a buscarle y a entregarse a él, como sucedió en su día con nosotros.

CAPÍTULO 11

La hora del relevo

Sí, todo llega; también el relevo. En esta vida "bajo el sol", como dice el Predicador, todo tiene su tiempo y su ocasión; y es que el tiempo corre como un río; se va. Es no solo una imposición biológica, sino una realidad espiritual a la que hemos de saber responder adecuadamente. Ojalá que podamos hacer nuestras las palabras dramáticas del apóstol Pablo, "El tiempo de mi partida está cercano. He peleado la buena batalla, he acabado la carrera, he guardado la fe. Por lo demás, me está reservada la corona de justicia, la cual me dará el Señor, juez justo, en aquel día; y no solo a mí, sino también a todos los que aman su venida" (2 Tm 4:6-8). Pero la realidad es que no todo el mundo sabe retirarse a tiempo, ni de la mejor manera. Además, el relevo no siempre significa el final de la carrera, sino simplemente un cambio en el plan de Dios para nosotros, el tránsito a otro tiempo vital, a otra interesante página de nuestra vida. Afortunadamente, no todos los relevos pastorales se producen por defunción.

El ministerio es una historia gloriosa que se compone de páginas y capítulos que hay que saber escribir y pasar hasta completar el libro, y este no puede ser como el de las novelas modernas, que casi siempre acaban en tragedia o que no tienen fin, sino que ha de ser un fin lógico y positivo, con posibilidades de continuidad. Ese tipo de literatura moderna o, quizá, mejor dicho, posmoderna, que no va a ninguna parte y te deja desabrido y perplejo, como la vida misma; quiero decir la vida de hoy, sin esperanza y sin Dios. Veámoslo mejor como esos relatos en serie que siempre dejan abierta la posibilidad de una segunda parte, o incluso más. Al fin y al cabo, toda literatura es reflejo de una determinada realidad. Nuestro recorrido en la tierra de servicio al Señor y a las almas ha de acabar en victoria, asegurando la continuidad del servicio realizado, la misión cumplida: "He acabado la carrera", dice san Pablo, que ya presentía que su fin en la tierra había llegado. Y a todos nos llega, por descontado. No asumirlo significa que nos falta un entendimiento cabal de la realidad. Todos sabemos que hemos de desaparecer un día, aunque no siempre sea de manera definitiva, pero no siempre aceptamos que hay cosas que se acaban pero que aun así hay más por delante. Para muchos no es fácil dejarse sustituir y, mientras pueden, se resisten a ello. La clave de todo es conocer bien la voluntad del Señor para nosotros, conocer sus tiempos, saber cuándo hay que cambiar de carril, de dirección, o incluso de estación, dando a la vez continuidad a nuestro trabajo.

En las Escrituras encontramos casos de grandes hombres de Dios que se enfrentaron al cambio generacional o, simplemente, al cambio de escenario, y que lo hicieron con fe y con dignidad, sabiendo lo que Dios estaba haciendo con ellos y traspasando el testigo a la generación siguiente para beneficio del proyecto divino que nos supera y nos trasciende siempre, pues no somos más que simples eslabones en una cadena de fe y de milagros que solo Dios controla. Pienso en Moisés, en Samuel, en David... El mismo Jesucristo tuvo que enfrentarse a ese cambio necesario, aun habiendo resucitado, porque todos formamos parte de un plan eterno elaborado por Dios. Antes de enfrentarse a la muerte, les dijo a sus discípulos reunidos con él en su última cena juntos:

Os digo la verdad: *Os conviene que yo me vaya*, porque si no me voy, el Consolador no vendrá a vosotros; pero si me voy, os lo enviaré [...] Aún tengo muchas cosas que deciros, pero ahora no las podéis sobrellevar. Pero cuando venga el Espíritu de verdad, él os guiará a toda la verdad, [...] y os hará saber las cosas que habrán de venir. Él me glorificará, porque tomará de lo mío y os lo hará saber (Jn 16:7-14).

De todos esos hombres de Dios podemos aprender, pues el relevo es un proceso crítico, puede que dramático, pero fundamental para la realización del plan divino. Sus objetivos son universales y abarcan la historia de la humanidad, por lo que difícilmente un solo hombre, con sus limitaciones de espacio y tiempo, podría llevarlos a efecto. Él se ha servido de hombres y mujeres a lo largo de siglos para avanzar, culminando en la venida del Verbo eterno tomando cuerpo y entidad humanos a fin de redimirnos y de preparar un pueblo para la gloria de Dios.

En el caso de Moisés, llegado el momento, él se dirige al pueblo de Dios y les dice: "Ya *tengo ciento veinte años* de edad y *no puedo* salir ni entrar. Además de esto, *Jehová me ha dicho*: «No pasarás este Jordán». Jehová, tu Dios, él pasa delante de ti; él destruirá a estas naciones delante de ti, y las heredarás. Josué será el que pasará delante de ti, como Jehová ha dicho" (Dt 31:2-3). Por un lado, había evidencias que exigían el relevo:

—"Tengo ciento veinte años..."
—"No puedo salir ni entrar..."
Pero sobre todo:
—"Jehová me ha dicho: «No pasarás este Jordán»".

Primero, Moisés reconoce sus propias limitaciones impuestas por la biología. Pero la razón más importante es que Dios mismo había fijado el límite; y si Dios fija un límite, más nos vale no intentar traspasarlo.

¿Somos conscientes de los límites que Dios coloca en nuestra propia vida y ministerio? ¿Aceptamos su voluntad cuando pulsa la tecla de fin de página? ¿Qué hacemos, cómo reaccionamos, si él nos dice "hasta aquí"? ¿Somos lo suficientemente entendidos sobre quién es nuestro legítimo sucesor? En el caso de Moisés, el Señor le dijo muy claro, "Josué será el que pasará delante de ti"; pero nosotros no siempre lo tenemos tan claro, aunque si nuestros sentidos están ejercitados podremos tener una percepción más acertada sobre el asunto.

Josué era el designado por Dios; pero Josué no era un desconocido en el momento de su designación. El libro del Antiguo Testamento que lleva su nombre comienza con las siguientes palabras:

Aconteció después de la muerte de Moisés, siervo de Jehová, que Jehová habló a Josué hijo de Nun, servidor de Moisés, y le dijo: «Mi siervo Moisés ha muerto. Ahora, pues, levántate y pasa este Jordán, tú y todo este pueblo, hacia la tierra que yo les doy a los hijos de Israel. Yo os he entregado, tal como lo dije a Moisés, todos los lugares que pisen las plantas de vuestros pies" (Jos 1:1-3).

¿Quién era Josué? Todo el mundo sabe que era el jefe militar de los israelitas, pero pocos perciben que la Biblia lo coloca como "servidor de Moisés". Otras traducciones dirán de él que era su "criado". No implica esto que nuestros colaboradores, de quienes estamos tratando de conseguir siervos de Dios, hayan de ser nuestros criados en el sentido servil, sino que, en el caso de Josué, él había estado por largo tiempo bajo su tutela, su autoridad y dirección, con fidelidad y lealtad. Moisés sabía que él era su sucesor natural y, además, Dios se lo había confirmado. Josué no daría continuidad a Moisés; daría continuidad al proyecto de Dios con su pueblo: hacerlo entrar en la tierra prometida, llevarlo a la conquista, y desaparecer después, sencillamente, como en algún momento nos toca a todos. Por eso, el asunto no es que nosotros mismos nos perpetuemos o prolonguemos nuestra influencia por medio de quienes han de sucedernos. Lo que importa es la obra de Dios, sus planes y proyectos que nos superan, afortunadamente.

Se trata de un momento dramático y crítico, como hemos dicho: Moisés ha de aceptar el fin de su carrera y Josué ha de aceptar el reto tremendo de sustituir a un gran hombre de Dios; un hombre de una talla impresionante, si queremos, pero prescindible como lo somos todos. Moisés ha cumplido su misión, ha sido fiel y Dios tiene nuevos planes para él, mucho más elevados. Ciertamente, ha de morir como humano, pero va a vivir para Dios. Por siempre ocupará un lugar preeminente en la historia del pueblo de Dios; sin pretenderlo, incluso habiendo tratado de rehuir tal privilegio, como sabemos por la conversación mantenida con el "Gran Yo Soy" que nos es relatada en el libro de Éxodo. Pero la Biblia nos dice que él era un hombre humilde y manso —¡a pesar de haber matado a un hombre! Circunstancias de la vida.

No es fácil suceder a hombres o mujeres así, de ese calibre espiritual y humano. Puede que Josué tuviera sus miedos al principio, como en nuestro caso lo tenemos todos; pero Dios, que está al tanto de todo, se adelanta a proporcionarle la confianza necesaria para ese tránsito y le dirige las siguientes palabras tranquilizadoras: "Nadie podrá hacerte frente en todos los días de tu vida: como estuve con Moisés, estaré contigo; no te dejaré ni te desampararé. Esfuérzate y sé valiente, porque tú repartirás a este pueblo como heredad la tierra que juré dar a sus padres" (Jos 1:5-6). Lo que Dios ha decidido hacer con nosotros vendrá acompañado de su gracia, es decir, de todo cuanto nos hará falta para cumplir con la misión encomendada, algo que no tenemos, pero que nos será concedido a la manera y ritmo de Dios. Son sus recursos los que nos servirán a lo largo de nuestra carrera en tanto que cumplimos los planes divinos, no los nuestros, tan limitados e imperfectos. Es cierto que Dios le marcó a Josué la vía del éxito y de la victoria para su futuro ministerio, esas palabras que repetimos tan continuamente, porque necesitamos hacerlas nuestras y así cobrar ánimos ante el tremendo desafío que Dios nos pide: "Solamente esfuérzate y sé muy valiente, cuidando de obrar conforme a toda la Ley que mi siervo Moisés te mandó; no te apartes de ella ni a la derecha ni a la izquierda, *para que seas prosperado* en todas las cosas que emprendas" (Jos 1:7).

Josué se puso de inmediato a la tarea, dando las primeras instrucciones para entrar en la tierra y tomar posesión de ella. No sería fácil, pues tendrían que luchar y pelear por ella; Dios la entregaba en sus manos, pero ellos tendrían que arrebatarla de manos de sus indignos poseedores, con denuedo, con valor, luchando y arrebatando palmo a palmo cada porción de territorio, pero respaldados por el Todopoderoso Yahvé de los Ejércitos, es decir, por fe. Cometería errores, pero allí estaba Dios para mostrarle el camino derecho al que volver.

Pero el pueblo también tenía sus exigencias. Los israelitas eran conscientes de que Moisés era historia pasada, pero, como es natural, esperaban de Josué un nivel, una responsabilidad a la altura de las circunstancias y de los retos que se planteaban delante de ellos, y así le exigen: "Nosotros haremos todas las cosas que nos has mandado, e iremos adondequiera que nos mandes. De la manera que obedecimos a Moisés en todas las cosas, así te obedeceremos a ti; *solamente que Jehová, tu Dios, esté contigo, como estuvo con Moisés*" (Jos 1:16-18). Y creo que es una exigencia absolutamente razonable y justa. El líder o dirigente cristiano ha de contar con la presencia de Dios en su vida si quiere que el pueblo de Dios lo acepte como tal y lo siga, porque la autoridad no se impone por parte de quien la ejerce, sino que se obtiene; primeramente, de quien tiene autoridad para otorgarla, y después, de quienes han de ser dirigidos bajo esa autoridad. Poco después Dios confirmó a Josué su llamamiento y designación como sucesor de Moisés, diciéndole: "Desde este día comenzaré a engrandecerte ante los ojos de todo Israel, *para que entiendan* que como estuve con Moisés, así estaré contigo" (Jos 3:7). Ese es el respaldo divino, sin el cual no podemos hacer nada.

Pero para llegar a ese momento y situación tuvieron que suceder varias cosas:

1. Que Moisés estuviera dispuesto a pasar el testigo; aunque no le hubiera quedado otra alternativa, pues su muerte había sido ya fijada por Dios. Siempre es mejor que nuestras decisiones coincidan con las de Dios, dueño y Señor de nuestras vidas. No hacerlo conlleva mucha frustración y dolor. La obstinación de algunos que se aferran al cargo o la posición de liderazgo que recibieron de Dios pero que ha llegado a término, es de un patetismo penoso y triste. No caigamos en ese error haciendo concluir una etapa victoriosa en un final indigno.

2. Que Josué aceptara el reto y que lo hiciera con un espíritu adecuado; aquel espíritu que, junto a Caleb, se enfrentó a la mayoría incrédula del pueblo y que le valió el poder entrar a la tierra prometida. El resto del pueblo no pudo hacerlo. Hagámoslo nosotros, como Josué, desprovistos de toda arrogancia, con un espíritu de humildad y sumisión a Dios.

3. Que aceptara los consejos que le dio Moisés y las amonestaciones del mismo Dios. Aceptemos los que nos correspondan, con mansedumbre, reconociendo que tales consejos e indicaciones nos ayudarán en el inicio de nuestra función.

4. Que obedeciera la voz del Señor de caminar y pasar el Jordán según las indicaciones recibidas.

5. Que diera las órdenes oportunas. Pasar a la acción requiere la actuación inmediata, hoy, no mañana o ya veremos cuándo.

6. Y que aceptara el respaldo del pueblo, condicionado al respaldo divino. Porque la obra es del pueblo en conjunto, no solo nuestra. Su participación y colaboración es absolutamente necesaria, lo cual implica confianza en sus líderes, calma y tranquilidad, y sensibilidad a la revelación divina.

Es un recorrido largo, que requirió tiempo y dedicación. ¿Cuál será el recorrido que habremos de cubrir cada uno de nosotros? Dependerá de muchas cosas, pero, que no nos quede duda de que habremos de recorrerlo como un proceso necesario, pues en el Señor todo tiene su tiempo y todo requiere una respuesta adecuada de nuestra parte; Dios habla y nosotros hemos de responder. Ese es el recorrido de la fe, no exento de condicionamientos y de obstáculos, pero en el que podemos contar con la dirección del Espíritu Santo.

En el caso de Samuel, el relato bíblico dice que "Samuel juzgó a Israel todo el tiempo que vivió" (1 S 7:15), lo que quiere decir que tuvo una larga carrera al servicio del Señor y de su pueblo. Pero también le llegó el momento de ceder el testigo, como nos ha de acontecer a todos, según continúa la narración: "Aconteció que cuando Samuel envejeció puso a sus hijos por jueces sobre Israel" (1 S 8:1). En este caso, el relevo del siervo de Dios se va a encontrar con obstáculos, pues todo indica que Samuel se equivocó en el planteamiento de su relevo, impuesto por la edad. Sus hijos no vivían según su ejemplo, sino que "se dejaron llevar por la avaricia, dejándose sobornar y pervirtiendo el derecho" (v. 8:3) y, por tanto, el pueblo los rechazó como sucesores de Samuel, pues "todos los ancianos de Israel se reunieron y vinieron a Ramá para ver a Samuel, y le dijeron: «Tú has envejecido y tus hijos no andan en tus caminos; por tanto, danos ahora un rey que nos juzgue, como tienen todas las naciones»" (vv. 8:4-5). No agradó la petición del pueblo a Samuel, sobre todo por la solicitud de un rey al estilo de las naciones de alrededor, con todas sus implicaciones. Pero Dios le habló –todo cambia cuando Dios tiene acceso a nuestro corazón, de modo que puede hablarnos y nosotros podemos oír su voz y, en consecuencia, rectificar o reconsiderar las cosas– y le dijo: "Oye la voz del pueblo en todo lo que ellos digan [...] oye su voz; pero hazles una advertencia solemne y muéstrales cómo los tratará el rey que reinará sobre ellos" (vv. 7 y 9).

Conocemos la historia que sigue, con la designación de Saúl y su trayectoria como rey fallido. Samuel siguió activo, aunque en un segundo plano. Cambió su papel, habiendo cedido la función de juez, es decir, de gobierno, pero no la de profeta de Dios, llegando a ungir a David como futuro rey de Israel después de que Dios desechara a Saúl debido a su desobediencia reiterada. El último dato sobre la vida de Samuel se encuentra en el capítulo 25:1 del primer libro que lleva su nombre, donde se menciona su muerte.

Cada ministerio del Señor es único, las circunstancias que nos rodean a cada uno de nosotros son igualmente únicas; por eso, no todos los relevos son iguales. Lo que no cambia es que hemos de ser relevados, pasando el testigo a otros que continuarán con la labor. Lo importante no somos nosotros, sino la continuidad de la obra de Dios que ha de seguir avanzando, creciendo, expandiéndose, multiplicándose...

A Saúl le sucedió David. Ese sí que no fue un relevo natural, sino más bien traumático, pues Saúl fue rechazado por Dios y sustituido por David, conforme a las palabras que Samuel dirigió a Saúl: "Jehová se ha buscado un hombre conforme a su corazón, al cual ha designado para que sea príncipe sobre su pueblo, por cuanto tú no has guardado lo que Jehová te mandó" (1 S 13:14). El proceso fue largo y duro, sembrado de episodios desagradables y violentos, y acabó de manera trágica para Saúl y su familia. Desgraciadamente, algunos relevos pastorales, sin ser trágicos como el de Saúl, sí son abruptos y conflictivos, por falta de entendimiento entre las partes. Evidentemente, ese tipo de relevos debe ser evitado, porque el testimonio del evangelio sufre, y también muchas almas sencillas, que no entienden que tales cosas sucedan en el pueblo de Dios.

David concibe durante su vida un proyecto extraordinario: construir un templo estable para su Dios, el Dios de Israel, en sustitución del itinerante y efímero tabernáculo, pero Dios no le permite llevarlo a efecto, debido a su condición guerrera y sangrienta. El proyecto pasará a su sucesor, Salomón, cuya designación como tal tampoco estará exenta de contratiempos e, incluso, de violencia. Pero Salomón fue el designado por Dios para sucederle. En el Primer Libro de Crónicas encontramos las palabras de David entregando el legado a su hijo:

> Llamó entonces David a Salomón, su hijo, y le mandó que edificara Casa a Jehová, Dios de Israel. Y dijo David a Salomón: «Hijo mío, en mi corazón *tuve el propósito* de edificar un templo dedicado al nombre de Jehová, mi Dios. Pero *recibí palabra de Jehová*, que decía: "Tú has derramado mucha sangre y has hecho grandes guerras; no edificarás Casa a mi nombre, porque has derramado mucha sangre en la tierra delante de mí. Mira que te nacerá un hijo, el cual será hombre de paz, pues yo le haré estar en paz con todos sus enemigos en derredor; por tanto, su nombre será Salomón, y en sus días concederé paz y reposo a Israel. Él edificará una Casa a mi nombre; será para mí un hijo, y yo seré para él un padre; y afirmaré el trono de su reino sobre Israel para siempre"» (1 Cr 22:6-10).

Salomón se encargaría de cumplir con la visión y el proyecto de su padre David. Todo estaba preparado sin faltar detalle: los artesanos e ingenieros, los planos, los materiales, la ubicación y, sobre todo, el respaldo divino, tal como proclamó David ante el pueblo en el momento de la proclamación de Salomón como rey: "Y [Dios] *me ha dicho*: «Salomón, tu hijo, él edificará mi Casa y mis atrios; porque a este he escogido por hijo, y yo seré para él padre. Asimismo, yo confirmaré su reino para siempre, si él se esfuerza en poner por obra mis mandamientos y mis decretos, como en este día»" (1 Cr 28:6-7).

Ojalá que cuando nos llegue el momento estemos atentos a la voz de Dios y sepamos discernir adecuadamente a quién o a quiénes hemos de pasar el testigo y entregar el legado —¡ojalá que haya legado que transmitir! Pero fijémonos en lo importante que es que Dios hable, que nos comunique su voluntad. La fe es actuar basados en lo que Dios ha revelado, no en nuestros propios pensamientos, proyectos o ambiciones, por muy elevados que estos puedan parecernos.

Hay sucesiones que no garantizan la continuidad, como le sucedió a Salomón, a quien sucedió en el trono su hijo Roboam, a todas luces su sucesor legítimo según los principios de la monarquía hereditaria, pero incapaz, como se demostró, debido a su juventud, falta de liderazgo y, sin duda, por su corazón orgulloso lleno de motivaciones erróneas. El resultado fue la ruptura del reino, Israel dividido en dos naciones muchas veces enfrentadas y nunca más unificadas. La parte escindida acabaría por apartarse de su Dios, perdiendo su identidad y difuminándose en un conglomerado de etnias, culturas y una religión ecléctica alejada de la verdadera fe en el Dios vivo.

Aparte de la tradición y de ciertas leyendas, no sabemos mucho acerca de cómo el apóstol Pedro asumió su relevo, aunque nos ha dejado unas palabras bastante significativas: "Tengo por justo, en tanto que estoy en este cuerpo, el despertaros con amonestación, sabiendo que en breve debo abandonar el cuerpo, como nuestro Señor Jesucristo me ha declarado. También *yo procuraré con diligencia que, después de mi partida, vosotros podáis en todo momento tener memoria de estas cosas*" (2 P 1:13-15). ¿Se está refiriendo Pedro al evangelio de Marcos? Entre los Padres de la Iglesia es común encontrar comentarios en los que se considera a Marcos "el intérprete de Pedro" (Papías, Eusebio, Ireneo, Clemente de Alejandría, Tertuliano). Lo significativo aquí es que Pedro se preocupó por dejar constancia de su testimonio, entregando así un legado para las generaciones futuras por mano de Marcos, su secretario.

El relevo, si hemos de abordarlo como debe de ser abordado, no es un mero cambio de personas, la partida de un personaje viejo y caduco por otro joven y dinámico con todo un futuro por delante. Un relevo de acuerdo con los planes de Dios es un proceso por el cual alguien usado por Dios hasta ese momento, pero que ha concluido su función en los planes divinos, entrega un legado –que a su vez recibió en su día– ampliado, a quien Dios ha designado para sucederle. Es un acto de continuidad, pero entendido en el sentido más positivo de la expresión, no para garantizar que todo siga igual, sino para que lo que Dios ha estado haciendo hasta ese momento continúe creciendo y engrandeciéndose según su propio plan en una nueva etapa, más amplio que el nuestro propio y que abarca a varias generaciones.

Pedro predicó el evangelio de viva voz, dio testimonio de lo que vivió con Jesús por más de tres años y escribió cartas a los creyentes de las cuales tenemos constancia. Pero sabiéndose próximo a la meta de su carrera se preocupó de dejar un testimonio de lo que vivió al lado del Maestro, escrito para la posteridad. Su legado sigue vigente hoy con toda su fuerza y forma parte del Nuevo Testamento. ¿Seremos nosotros capaces de hacer que el legado que recibimos en su día de otros testigos sea transmitido vivo y enriquecido a la generación que nos ha de seguir y aún más allá? ¿Inculcaremos en esta nueva generación la visión de continuidad que ellos a su vez habrán de dar a ese "depósito de la fe" que recibirá de nosotros y que, a su vez, habrán de transmitir a otros?

Este asunto es de trascendental importancia a la hora de construir ministerios cristianos, porque los nuevos siervos y siervas de Dios han de ser conscientes de que nadie existe por su propia razón de ser, sino que forma parte de un cuerpo, la iglesia universal de Jesucristo, en la que estamos insertados como miembros activos con una función específica y que el buen funcionamiento de este cuerpo depende de la fidelidad de cada uno de nosotros a nuestro llamamiento específico, conforme a la voluntad y en el tiempo de Dios, que es quien "reparte a cada uno en particular como él quiere" (1 Cor 12:11).

EPÍLOGO

¿Y ahora qué?

Pues es el momento de asumir sin complejos la nueva situación y la tarea que nos tocará a cada parte implicada:

Al relevado o la relevada nos corresponde emprender el camino de la retirada, que no tiene por qué ser el final de nuestro ministerio, sino el inicio de una nueva etapa que nos llevará a nuevos campos de labor y nuevas experiencias vitales en los que seguir siendo fructíferos viendo la gloria de Dios, pues mientras hay vida hay actividad y toda nuestra actividad tiene por fin glorificar a nuestro Dios. A veces, muchas veces, retirarse –en el tiempo de Dios– es avanzar.

Lo mejor es saber cerrar y pasar página y entregarse de lleno al nuevo "proyecto", pues en el Señor siempre hay áreas de trabajo en donde podemos desarrollar una labor fructífera, satisfactoria y nueva. Tom Rainer, en su artículo reseñado en la breve bibliografía de este libro, sugiere distintas actividades a las que un pastor o ministro retirado puede dedicarse, sin necesidad de renunciar a ser productivo para la obra de Dios. Hay mucho que aportar en la edad madura, experiencia, sabiduría, consejo e incluso trabajo moderado y tranquilo. Además, no todo relevo lo es por haber llegado a la edad de la jubilación. Si consideramos nuestra vida de servicio al Señor como una secuencia de etapas, en cada una de las cuales el Señor nos lleva a un propósito concreto diferente, la perspectiva con que afrontamos nuestro ministerio será la de una progresión constante, avanzando de fe en fe, de poder en poder, de gloria en gloria.

Pero también hay que saber que, una vez retirados del anterior campo de trabajo, hay que dejar hacer a quien –se supone que siguiendo un plan divino– nos ha seguido, ocupando nuestro lugar y asumiendo las responsabilidades que anteriormente teníamos, y no obstruir ni interferir ni entorpecer su labor. Puede que personalmente nos parezca que no lo hace "tan bien" como lo hacíamos nosotros, pero ahora es ya su responsabilidad y no la nuestra. Podemos y debemos permanecer "a disposición", pero a la prudente distancia que le permita ser él o ella y no una copia de nosotros. Quizá *se nos permita* ser mentores, pero siendo sabios y entendidos, recordando que *mentor* no significa *tutor*, pues el tutor solo lo es hasta que la persona tutelada alcanza la mayoría de edad y, si hemos logrado llegar con éxito al relevo, esa mayoría de edad se da por sentada. La persona relevada puede ser el mentor para quien le ha sucedido, aunque no necesariamente, pues ese tipo de relación ha de ser asumida voluntaria y responsablemente por ambas partes, pero también se dan casos en los que más que un mentor o ayudador podemos llegar a ser un verdadero obstáculo o piedra de tropiezo para la persona a quien pretendemos ayudar y para la obra en general. Si tenemos la suficiente sensibilidad y nos dejamos dirigir por el Espíritu Santo, todo irá bien y Dios se glorificará en ello.

A quien releva al relevado le corresponderá hacer propio el legado recibido y disponerse a enriquecerlo con su propia aportación y creatividad, conforme a la gracia de Dios, pero respetándolo y siendo consciente de la carga valiosa que supone en la secuencia generacional. Todo el bagaje que uno pueda traer no bastará para hacer frente a las nuevas situaciones que de manera natural se irán dando. Quien asume la posición y las responsabilidades de quien anteriormente estaba allí, tendrá que colocarse en modo "aprendizaje y adaptación" para asegurar el éxito y buen fin de su misión. El respeto a lo anterior y a quienes lo desarrollaron es muy importante, lo que no implica ni inmovilismo ni la imposibilidad de cambiar aquellas cosas que han de ser cambiadas. No soy de los que creen a pies juntillas eso de que "¡si hasta aquí todo ha funcionado, dejémoslo estar; no lo toquemos!", porque las cosas se ajustan de una determinada manera según unas circunstancias particulares y, quizás, únicas. Las situaciones y las circunstancias cambian y, por tanto, nuestras estrategias y métodos harán bien en adaptarse a ellas introduciendo los cambios pertinentes, sin miedo a echar a perder lo hasta ese momento estable y productivo. Los reajustes y el reciclaje siempre son necesarios, y a veces, la sustitución. La innovación, cuando está probada, tampoco es mala; al contrario, es la que hace avanzar. Cierto que siempre que hay cambios hay riesgos, pero ya hemos dicho que la vida misma es un riesgo y no por eso dejamos de vivirla. Evidentemente, los cambios y los riesgos han de ser abordados con prudencia y sabiduría, meditadamente. Los experimentos, cuando se trata de personas involucradas, son desaconsejables, pues la iglesia no es un laboratorio sociológico.

Pero nunca han sido buenas las rupturas radicales con el pasado, lo cual implicaría una especie de revolución, con la consiguiente carga dramática que estas aportan. Lo que no es razonable es el cambio por el cambio, por un simple espíritu de notoriedad o de singularidad. El respeto al legado recibido es importante. Al mismo tiempo también hemos de considerar que la vida es fluir, es cambio por naturaleza. Nada será igual, todo ha de ir cambiando, pero ha de hacerlo de forma natural, progresivamente, según el fluir de la historia y contando con la aceptación mayoritaria de la gente implicada, respetando a las personas y a su labor. He conocido experimentos realizados en iglesias en las que sus dirigentes pensaban que quienes no aceptasen los cambios y se adaptasen debían marcharse a otra parte. Creo que esta es una visión muy utilitarista, impropia de hijos de Dios, que implica un desprecio hacia aquellos que no comulguen con nuestras ideas, las cuales intentamos implantar indiscriminadamente, puede que con un apoyo mayoritario, pero con desprecio hacia la minoría, que no las acepta. Se sacrifica el amor, señal identificativa del cristiano, en aras de un supuesto crecimiento erigido en dios de nuestra visión —¿será esto una especie de darwinismo espiritual?

Entran entonces en juego las capacidades de liderazgo de la persona nueva, y la sabiduría. Puede que unos buenos consejos procedentes de quienes conocen bien la congregación sean muy oportunos y puedan prevenir daños indeseados en personas que, aunque nos parezcan ser chinos —piedras, no gente oriental— en nuestro zapato y nos incomoden, son parte del cuerpo y por los cuales responderemos un día delante del Señor.

Recordemos el caso de Roboam, ya mencionado. Al recibir el reino a la muerte de su padre, Salomón, fue interpelado por Jeroboam, representante de las otras tribus ajenas a la familia de David, quien solicitó de él que redujera las pesadas cargas que su padre había impuesto al pueblo. Él acudió en primera instancia a los ancianos y consejeros, los cuales le dijeron: "Si te pones hoy al servicio de este pueblo, lo sirves y le respondes con buenas palabras, ellos te servirán para siempre" (1 R 12:7). Las expresiones "ponerse al servicio del pueblo", "servir" y "buenas palabras" son indicativas de las actitudes necesarias a la hora de liderar con éxito, no solo al pueblo de Dios, sino a cualquier grupo humano.

Pero Roboam desoyó el consejo de los ancianos y prefirió el de los jóvenes, sus colegas, quienes lo incitaron a que, en vez de suavizar el peso de aquellas cargas, agravara la situación del pueblo. No sabemos las causas ni las razones, quizás con el fin de obtener mejores beneficios de ellos, o por pura soberbia y necedad, pero el resultado fue desastroso. Su altivez, obstinación y falta absoluta de sensibilidad y clarividencia hicieron que el reino se rompiera para siempre, desastre del que nunca se recuperó.

Como dirigentes del pueblo de Dios, servimos a la gente, no a nosotros mismos, ni al grupo selecto de nuestros amigos o adeptos. Ante una nueva etapa en la obra de Dios, tanto quien se va como quien se queda asumen la responsabilidad de dar continuidad a lo que Dios ha obrado hasta el momento del relevo, teniendo siempre en consideración el beneficio del pueblo de Dios, la edificación de la iglesia. A uno le corresponde soltar las riendas asegurándose que quedan en buenas manos; al otro tomarlas para dirigir al pueblo de Dios hacia las metas que marque su voluntad, manteniendo el legado y enriqueciéndolo para, a su vez y en su día, cederlo al siguiente.

No es un proceso fácil, porque tiene muchas implicaciones de todo tipo, incluidas las económicas, las emocionales y muchas otras de carácter práctico,[15] etc. Hay que conocer el tiempo de Dios, que siempre

---

[15] Por ejemplo, la vivienda pastoral, en los casos en los que el pastor y su familia son alojados por la iglesia en una vivienda propia. Esta situación puede producir tensiones graves y difíciles de resolver.

es el adecuado; ni adelantarse, ni retrasarse. Quien asume la responsabilidad ha de ser la persona que Dios ha señalado y no otra. En cuanto a las formas, todo ha de hacerse con respeto a las personas y a la obra, teniendo en cuenta cuestiones de protocolo, con dignidad y sensibilidad hacia todas las partes implicadas. Normalmente, las denominaciones tienen reglamentadas ciertas formas o protocolos de actuación que son adecuadas y merece la pena respetar, en beneficio de todos. Pero también es cierto que este tipo de relevos no siempre se lleva a efecto ni en el tiempo correcto, ni con la persona idónea, ni manteniendo las buenas maneras, llegando en ocasiones a suceder en forma conflictiva, dolorosa y triste, con los consiguientes malos testimonios que escandalizan a todo el mundo.

Un buen relevo ha de ser un acto de celebración, donde se despide con aprecio, reconocimiento y honor a quien se va, y se recibe con gozo y respeto a quien se queda, no una batalla, tras la que quedan heridos —me refiero a heridos emocionales, no físicos, espero. La clave está en las palabras que Pablo dirige a los corintios: "Todas vuestras cosas sean hechas con amor" (1 Cor 16:14).

El Primer Libro de Samuel cuenta cómo fueron las cosas cuando Samuel supo —y Elí también— que habría de suceder al sacerdote: "Samuel crecía y Jehová estaba con él; y no dejó sin cumplir ninguna de sus palabras. *Todo Israel*, desde Dan hasta Beerseba, *supo que Samuel era fiel profeta de Jehová*. Y Jehová volvió a aparecer en Silo, porque en Silo se manifestaba a Samuel la palabra de Jehová. (1 S 3:19-21). El relato bíblico cuenta cómo murió Elí al conocer la terrible noticia de la muerte de sus dos hijos y la pérdida del arca de Dios. En esta historia y en la devolución del arca por los filisteos no aparece el nombre de Samuel, pero reaparece en el capítulo siete, dando el texto a entender que habían pasado veinte años. Samuel es, de hecho, el nuevo juez, sacerdote y profeta de Dios. Es una transición de la que no tenemos datos, más allá de que Dios estaba con Samuel y de que el pueblo aprendió a respetarlo mientras el arca, rescatada de manos de los filisteos, permanecía en Quiriat-Jearim, custodiada en casa de Aminadab por Eleazar, su hijo. Este es un relevo anómalo, que ojalá nunca protagonicemos ninguno de nosotros. Pero nos indica que Dios es soberano y Señor de la historia y de su obra y que, por tanto, el relevo está asegurado. En el tiempo de Dios, alguien ocupará nuestro lugar para que la obra de Dios no se detenga, sino que siga adelante. Lo mejor para todos, "lo bueno, agradable y perfecto", conforme a la cita de Romanos 12, es que todo se lleve a cabo según "la voluntad de Dios", para lo cual es importante que cada cual ocupe su lugar en el altar del sacrificio, y no para "sacrificar" a otra víctima, sino para ser sacrificado uno mismo en "sacrificio vivo, santo y agradable", como acto de verdadera adoración –culto– a Dios.

¡Que Dios te bendiga, te guíe y te lleve al éxito en tu propia experiencia de construir ministerios cristianos! Sin duda, él –Dios– será glorificado en todo. Amén.

BIBLIOGRAFÍA

Allen, R. (2011). *Missionary Methods: St. Paul's or Ours, A Study of The Church In The Four Provinces*. Mansfield Center, CT. Martino Pub.

Baena, J. Mª. (2015). *Llamados a servir, una guía vocacional para iniciarse en el servicio cristiano*. Sefarad.

_____, (2018). *Pastores para el siglo XXI*. Viladecavalls, Clie.

_____, (2019). *Persona, pastor y mártir*. Viladecavalls, Clie.

_____, (2022). *Pastores según el corazón de Dios*. Viladecavalls, Clie.

Corbin, D. (2018). *Leadership Chrétien. Principes Fondamentaux*. Centre de Formation Biblique de l'Océan Indien. Seminario impartido en las iglesias A. D. de la Isla de la Reunión.

Fee, G. (2008). *Comentario de las epístolas a 1ª y 2ª de Timoteo y Tito*. Viladecavalls, Clie.

Rainer, T. S. Retirement Trends for Those in Ministry, Blog.

Ramsay, W. M. 2000). *St. Paul the Traveler and the Roman Citizen*, Grand Rapids, MI.

Sánchez, J. O. (2020). *La Predicación. Comunicando el mensaje con excelencia*. Viladecavalls, Clie.

Tautges, P. (2012). *Counsel your flock. Fulfilling your role as a teaching shepherd*. Leominster, Day One.